林淑君 著

Two are better than one

打造幸福的
婚姻存摺

作者序

寫這本書，實在是「應觀眾要求」。

常常，帶親密關係成長團體，或者演講、工作坊，總是會有成員或聽眾會後問我，「老師，你有沒有出書，可以讓我閱讀？」每次，我都只能抱歉地說，還沒有耶！當這樣的問題被問多了，而我也抱歉多了，心裡便開始萌生，是否該應觀眾要求，好好地寫一本可以供普羅大眾參考的書了？

此時，似乎因緣來了。我完成了博士學位一段時間了，休養生息後，又開始生龍活虎。就在此時，翊君，我的「經紀人」，詢問我有無可能寫一本關於夫妻相處的書？於是，就這樣因緣具足，我便開始構思、書寫這本書。

這本書的寫作，歷經幾個轉折。最後，我決定以一個虛擬但又真實的親密關係成長團體做為主角，呈現這些主角們的婚姻故事，以及他們在婚姻關係中的掙扎、挑戰，以及學習。這些主角，都是我虛擬的，但，卻也都是真實的各種人生故事。或許，各位讀者可以在這些主角身上找到某些個人經驗的縮影或投射。生命的故事，雖然每個人都是這麼的不同，但是，卻又是如此的相似，因為，這就是人性啊！

從事心理諮商工作，真的是一個生命的禮物。因為職業特性之故，我得以聽到許許多多人的生命故事，我專注的傾聽、陪伴、理解，並且感動。在這些許許多多的故事我聽到了許多生命的共同性，包括人性的愛恨掙扎，受苦與感動，覺察、頓悟與珍惜。

這本書並不企圖提供所有婚姻困擾的解答，畢竟，「家家有本難念的經」，但只期待，有緣的讀者可以在閱讀中獲得靈感，找到某些個人生命或親密關係中困惑的答案或靈感，發現生命的智慧處理婚姻難題，進而改善婚姻品質，獲致更美好、高品質的人生。我更希望各位讀者，當有需要時，可以像書中的主角們一般，尋求資源協助自己創造更高品質的生命。

我一直相信，「懂得求助的人，是有智慧的」；更相信，每個人都值得追求更高品質的生命，而所謂的「高品質的生命」，對我來說，是能夠享受「愛」與「工作」，有幸福感（工作不一定是有薪水的工作，而是泛指所有可以讓自己投入、並獲得意義感、價值感的活動）。祝福大家。

林淑君

作者序 002
前言 你，爲什麼要結婚 008

第1篇 婚姻，和你想的不一樣?! 011

婚姻迷思（一）：世界上有個完全適合我的Mr./ Miss Right……012
婚姻迷思（二）：另一半應該要滿足我所有需求——如果你愛我，你應該想辦法滿足我的需求，否則你就是不在乎我……016
婚姻迷思（三）：浪漫情人節？情人節一定要浪漫？……020
婚姻迷思（四）：愛情的力量可以改變一個人、克服所有困難……025
婚姻迷思（五）：如果你真的愛我，就應該為我著想，順著我的意……030
婚姻迷思（六）：如果你愛我，你應該知道我的想法和感受愛，就是什麼都不必說，對方就瞭解……035
婚姻迷思（七）：要男主外女主內、男人要比女人厲害……040

Contents

第❷篇 了解婚姻不同階段，預先提防不麻煩 045

我們要結婚嗎？……046
新婚夫妻的挑戰……050
家有學齡前子女之挑戰……054
膝下無子女的夫妻……059
空巢期的挑戰／中年期階段的夫妻……063
晚年退休階段的夫妻……067

第❸篇 懂得溝通，婚姻生活更美妙！ 073

我被騙了?!婚前婚後大不同……074
這時，讓溝通化為無形……079
注意非語言訊息，讓溝通更順利……084
學習建設性吵架……089

衝突，也是瞭解彼此的機會……094
開始溝通，你準備好了嗎？……098
聰明抱怨，有訣竅……104

第4篇 別忘了，幫婚姻加點兒糖 109

讓你的婚姻，多點兒浪漫……110
邀請另一半時，有技巧……115
讓你的「感情銀行」存款更多！……120
用語言和行動，讓婚姻關係升溫……125
找一個時間，了解你和他之間……131
欣賞、感恩＋深情注視，親密關係更上一層樓……137
乘著時光機，回到定情的那一年……142
情慾，到底是什麼？……148

Contents

第5篇 當外遇誘惑來敲門 147

抗拒誘惑VS接受誘惑的天人交戰……153
如何面對誘惑？……158
婚後還可能擁有愛情關係嗎？……162
一夜情?!停看聽……166
當外遇真的發生了……170
當另一半外遇，要怎麼辦？……174

第6篇 婚姻中的自我成長 179

生氣家庭？VS快樂家庭？……180
家庭情緒模式會遺傳?!……183
男人百分百？了解中年男子……189
當上國王的太太：了解中年女子……194

你，為什麼要結婚？

許多心理學家研究發現，有些結婚動機較可能導致婚姻的不穩定，包括：為了逃避或反抗原生家庭的不愉快或壓力、為了彌補失戀的心理空虛、為了社會壓力（諸如年齡、經濟、街坊鄰居親戚的輿論等）、為了排除孤單寂寞之感、因為同情對方、因為懷孕不得不奉子成婚等。

當然，這些可能造成婚姻關係不穩定的結婚動機，並不必然決定婚姻的成敗與相處品質，但是，結婚的動機會影響到個人對婚姻的期待。甚至，如果是為了逃避某個問題（例如：原生家庭關係的不和睦、社會壓力、失戀的悲傷痛苦）而匆忙結婚，沒有花時間先瞭解自己、處理還沒消化的情緒，或還沒解決的內在衝突，並思考與釐清自己想要從婚姻中獲得什麼，那麼婚姻關係比較容易不穩定；尤有甚者，原先未解決的內在衝突或原生家庭衝突也很容易在婚姻關係中複製、再現，並引起婚姻中的挫折與障礙。

你想從婚姻中獲得什麼？

心理學家研究發現，有些結婚動機和婚姻的穩定性有較高的關連，包括：願意與對方建立親密關係，想要一起養育子女，以及被對方的個性、興趣、價值觀等人格特質吸引而彼此相愛。

心理學者張春興教授曾經根據馬斯洛（Maslow）的需求階層論，推展提出「婚姻五經論」，即，婚姻中有五個層面的需求要考慮。首先是生理，在婚姻中可以獲得性的滿足，以及生育子女功能等；第二個層面是經濟，透過工作、經濟生產力、就業，獲得財產、與食衣住行的滿足等；第三個層面是社會，包括雙方的家庭背景、姻親關係與人際互動、教育程度、社交往來等；第四個層面是心理層面，意即雙方在情感上，關懷、陪伴等需要的滿足；第五個層面，亦是最高層次，為哲學，亦即彼此的人生觀、價值觀、成長等。

依據上述「婚姻五經論」，未婚男女在考慮是否結婚、步入人生的另一個階段之前，可以先思考：我為什麼要結婚？在婚姻中，我想要的是什麼？婚姻中的這五個層面的需求在我可能或即將投入的婚姻關係中可以獲得滿足嗎？至於已婚的人士，則可以想想，在我目前的婚姻關係中，我可以如何經營，讓我和配偶都可以在婚姻中滿足這五個層面的需求？夫妻二人可以如何共同成長呢？

本書將以一個虛擬的親密關係成長團體作為寫作的背景，每次都有不同的主題，成員的婚齡不同，反映各個家庭週期會遇到不同的挑戰——這些人的故事有其共同性，也有殊異性。

這些成員代表了各種不同的家庭型態，或許讀者朋友們，可以在這些人的故事中，找到自己的縮影或投射。

第一篇 婚姻，和你想的不一樣？！

我發現，大多數人常常對於婚姻充滿期待或幻想；但人們也容易因為這些較不切實際的期待或幻想而限制了自身的彈性。當在真實的婚姻生活中發現這些期待無法獲得滿足，便因而產生失落、痛苦情緒，長久下來便容易影響夫妻感情與關係的穩定性。因此，認清這些常見的婚姻迷思，會有助於我們對婚姻抱持較為實際、合理的期待。

婚姻迷思（一）：世界上有個完全適合我的Mr./ Miss Right

正在考慮是否要結婚的婉琳說，她期待自己的另一半是她的「真命天子」，二人可以過著王子與公主般幸福快樂的生活。

她對未來的婚姻生活有美好的憧憬，但是因為常聽到周遭的朋友婚姻觸礁或出狀況的故事，而讓她產生困惑與擔憂，「我的男朋友真的是我的真命天子嗎？要怎麼判斷我的真命天子是不是就是他啊？」

其他已婚的成員忍不住笑了起來，並且紛紛回憶著，「對啊！當初要結婚時，自己也曾經抱持著這樣的『幻想』，相信有個完全適合我的人，相信『真命天子』／『真命天女』的存在。但是婚後才發現，事實並非如此……。」

事實上：愛與被愛的能力都需要學習

是的，許多人以為，天底下會有個完全適合我的人，結了婚後，就可以從此過著幸福快樂的日子。

但是，事實是，現實的婚姻生活會有許多的挑戰，包括我在前言「為什麼要結婚」一文中所談到的「婚姻五經論」中的五個層面：生理、經濟、社會、心理與哲學，指出了我們在婚姻中的需求，同時也說明了我們如何在婚姻關係中彼此滿足這五個層面需求的生命功課。

愛與被愛能力並非與生俱來的，我們需要在真實互動的人際關係中，親身經歷過愛與被愛的甜蜜、愛的勞務與付出、雙方的協調與責任的承擔等等，慢慢學習而成為成熟的成人。並不是遇到好的對象就可以產生美好的婚姻，因為，婚姻需要有愛的能力，需要學習如何溝通，以及學習處理婚姻關係中伴隨而來的種種挑戰。

如：彼此的差異、子女的教養、姻親關係的相處等等。

心理學家Fromm認為愛是一種能力，包括：有意願瞭解自己與對方、用行動表示對對方的關心、對關係的承諾、與責任感。這些愛的能力，需要透過生活、透過關係學習的。

結婚對象的選擇：現在交往的這個人是適合與我結婚的人嗎？

雖然不可能有個完全適合的「真命天子／真命天女」，但是，結婚對象的選擇還是很重要。結婚是人生的重大決定，選對了對象，可以增添生命的豐富色彩；然而，若選錯了對象，可能會造成人生的夢魘（如：遭遇婚姻暴力等）。

然而，要如何判斷，怎樣的對象是適合自己的呢？要怎麼判斷，我現在正在交往的這個對象是不是適合與我結婚的人呢？

積極的判斷標準或判斷參考是：二個人是否有共同的興趣、相似的價值觀、對家庭與對未來有共同或接近的看法等。若上述問題的答案越趨向於一致或接近，則這個對象可能是適合的結婚對象。

另外，消極的判斷標準或判斷參考則包括：思考以下問題：「我和這個人在一起的時候，我覺得快樂嗎？我覺得自在、安心嗎？這個人值得我信任嗎？在他面前，我可以做我自己，而不需偽裝成他喜歡的樣子嗎？他尊重我的意見、關心我的感受嗎？周遭的親朋好友祝福的多或者勸阻的多呢？」如果上述問題都是肯定的，那麼這個對象較可能是合適的人。

如果，否定的遠多於肯定的，那麼，這個人是適合結婚的對象嗎？真的要和眼前這個人結婚嗎？恐怕得要三思。

當然，如前所述，愛與被愛的能力是需要學習的，即使選對了對象，但並不保證從此二人就可以過著幸福快樂的日子。想要獲得幸福，是需要努力的，包括調適二人之間的差異、協調家事的分工、教養子女的態度等等。

婚姻迷思（二）：另一半應該要滿足我所有需求——如果你愛我，你應該想辦法滿足我的需求，否則你就是不在乎我

曉娟在團體中，帶著略微憂傷的表情，慢慢的說出她在婚姻中的悲傷與失望。曉娟和先生大為結婚後，大為努力上班賺錢養家，也還算是個好先生。但是，曉娟卻感到不滿足，因為，學文學的曉娟，向來喜好人文藝術，也渴望自己的丈夫可以和自己共同欣賞、分享美好的事物，希望大為陪她看畫展、聽音樂會，二人可以一起討論、分享；但是，理工背景出生的大為，向來很實際、理性，對於這些藝術、音樂一點興趣也沒有，若去聽音樂會一定會睡著。還有還有，曉娟跟大為講自己的喜好，諸如自己最喜歡吃的食物，以及喜歡什麼顏色等等，但是大為似乎永遠記不得。

這讓曉娟好傷心、好失望。並開始想著，「大為是不是不愛我？」、「為什麼大為就是不懂我？」

聽完曉娟的故事，我問曉娟，當初是怎麼認識大為？怎麼決定要結婚的？曉娟說，當初是在朋友的聚會上認識大為的，會被大為吸引，是因為大為看起來忠厚老實，而且脾氣很好，應該會是好丈夫、好爸爸的樣子。但是卻沒想到，大為卻同時是如此木訥、不懂生活情趣。

每個男人／女人都需要三個太太／先生?!

許多人渴望著，在婚姻中可以滿足自己所有的需求。可能有人會問，之前不是談過「婚姻五經論」嗎？（詳見「為什麼要結婚」一文）婚姻五經論不就表示，婚姻應該要滿足夫妻雙方在生理、經濟、社會、心理與精神層面的需求嗎？

曉娟渴望丈夫陪她一起欣賞音樂會、畫展，不就是精神層面的需求嗎？

是的。我們都好渴望有個人可以滿足我們各方面的需求。

有人說，每個男人都需要三個太太，就像「人間四月天」中的徐志摩，渴望有個林徽音可以談心知心，可以一起彈琴吟詩；還要有張幼儀般的女子默默守在家裡，可以操持家務、教養子女、侍奉公婆；當然也需要有個陸小曼，浪漫性感，一起玩樂與享受生命。

若這麼說，或許，每個女人也需要三個丈夫：一個丈夫務實可靠，賺錢養家提供安全感；一個則是可以談天說地聊心事；還要有一個浪漫幽默風趣迷人。

當然，這是玩笑話，但也是要凸顯，在我們目前的社會體制下，我們都只能有一個太太／先生，但我們的需求卻是這麼多。許多人渴望有個完美的人滿足我所有的需要，只可惜，沒有人可以是「完美情人」，我們得要學會接納彼此的限制。

接納婚姻與另一半的限制

上述曉娟的案例是典型的文學太太遇到理工丈夫的故事。如果我們懷抱著「婚姻可以滿足我所有需求」、「如果你愛我，你應該想辦法滿足我的需求，否則你就是不在乎我」的幻想，那麼，有很大的可能會失望。

曉娟當初是因為大為的忠厚、老實、好脾氣而喜歡他，並進而願意攜手共度人生。但是，魚與熊掌無法兼得，忠厚老實的男人也往往較為木訥，可能少了生活情趣，較無法滿足女性浪漫的幻想。

如果能夠認清，婚姻不可能滿足我們所有需求，接納這些限制，同時也接納另一半做他自己，不勉強在音樂會上會睡著的另一半陪自己去聽音樂會；並且學會將無法在婚姻中滿足的需求另找適當的、安全的出路，我們還是可以過著精神上富足、幸福的生活。

例如：上述故事中的曉娟喜歡藝文活動，先生卻不一點興趣也沒有；那麼曉娟便可以找同樣喜歡藝文活動的姊妹淘一起去看畫展、聽音樂會，以安全、適當的方式滿足自己的需求。自己的幸福，要自己去創造喔！

婚姻迷思（三）：浪漫情人節？情人節一定要浪漫？

情人節將至，在親密關係成長團體中，成員們紛紛討論著，要不要過情人節？要怎麼過情人節？團體中務實派的家慶很困惑的問：「都已經結婚了，為什麼還要過情人節呢？日子不是每天就是這樣過嗎？」而浪漫派的曉娟則不服氣的說：「可是透過這些節日，可以增加生活情趣啊！」究竟，感情穩定、結婚多年的夫妻，需不需要過情人節呢？

是否過節，重點在夫妻雙方彼此的需求

每逢情人節，商人便會費盡心思想要賺戀愛中的男女口袋裡的錢，營造各種浪漫氣氛與噱頭，讓熱戀中的男女透過情人節的浪漫，讓愛情更加溫。

然而，也有一些人，並不吃「情人節浪漫派」這一套，而主張真正的愛情應該務實、

細水長流。夫妻或男女朋友之間，若二人的觀點、想法一致，不論是浪漫派，或是務實派，都不會有太大問題；但問題最常發生在，二人的觀點不一致。

例如，先生／男友費盡心思，想要博得太太／女友一笑，而花大錢搞浪漫，但太太／女友卻覺得浪費，認為這筆錢若拿來買書、進修不是更好？

或者，先生／男友主張務實，認為真正的愛情是在平日的相處中相互尊重、共同築夢踏實，但太太／女友卻期待浪漫的情人節。這樣的不一致，若沒有相互的瞭解與溝通，便容易引發失望、生氣、與爭執。

知己知彼：愛情價值觀大揭密

愛情對每個人有不同的意義，每個人的理想愛情關係的圖像也會有所不同，渴望的、重視的層面也不相同。因此，想要經營滿意的愛情關係，便不能不瞭解自己與對方的愛情價值觀，也就是自己與對方所想要的、重視的愛情層面。彼此瞭解，才能彼此體諒，享受愛情，並在愛情關係中成長，如此，愛情關係才較有可能長久維持。

加拿大心理學家李約翰（John A. Lee）提出六種愛情類型，每種類型所重視的層面或特性是不同的，個人所屬的愛情類型，所反映的是個人的價值觀與愛情關係中的需要。而每個人的愛情價值觀或愛情關係中的需要，可能是二種、或三個類型的混合。此外，每一對情侶間的愛情可能都包含這六種類型，只是每個人或每對情侶在這六種類型所佔比例的輕重多寡不同，而組成不同的愛情圖像。

這六種愛情類型為：第一種是追求浪漫愛，期待愛情中有許多浪漫的事情發生，容易被外表的吸引力所吸引，容易發生一見鍾情的戀情，一碰到與心目中理想形象相符的人會狂熱的追求或立即陷入愛情之中，稱之為「浪漫愛或情慾之愛」。就像是「鐵達尼號」電影中的男女主角傑克與羅絲，二人一見鍾情、相互吸引，很快就產生熱烈的情慾。

第二種則是喜歡細水長流的愛情，慢慢經營感情，按部就班，從普通友誼、日常相處、共同興趣和逐漸相互分享，感情由淺入深涓滴成河，親密相知多過激情浪漫，穩定中求發展的愛情，為「伴侶愛或友誼之愛」。這種類型的愛情最可能發生在參加相同社團、有共同興趣與志趣的男女身上。

第三種會比較理性的考量一些現實的條件和實際的情況，二人依著自訂的條件與需要決定是否相互適合，愛情的發生理性大於感性，為「現實愛或理性之愛」。「我愛紅娘」之類的婚姻聯誼活動，在選擇彼此是否適配時會考慮彼此的現實條件、是否適合結婚，便是這種現實愛。

第四種則是想盡情享受愛情，但又避免涉入太深，喜歡和不同的人交往，希望擁有自在的戀愛，稱為「見人愛或遊戲之愛」。這種類型的人較不願意承諾、不願意負責，更抗拒穩定下來。一旦愛情的新鮮期過了，或者對方要求承諾，他就想結束這段感情。近年來常見的「劈腿」現象可能就是這種類型。

第五種比較神經質，會因為對方的一句話、一個表情而反覆思量或心神不寧，他們強烈的需要被關注和被愛，期望獨佔對方，不能容忍所愛的人忽視他，容易吃醋嫉妒，稱為「神經愛或依附之愛」。就像是羅蜜歐與朱麗葉的故事，「沒有你我活不下去」，便是這種類型。

最後一種則是總是為對方著想，無怨無悔的為對方奉獻，稱為「奉獻愛或利他之愛」。這種愛情因為看似不求回報，也容易讓對方將他的付出奉獻視為理所當然，而忽略對對方的回饋，包括認可、感謝、珍惜等，時間久了，關係長久的失衡下，原本不斷付出的一方也可能因此而感到「累了、夠了、感情被糟蹋」，於是結束關係。

這六大愛情類型可以幫助夫妻或情侶彼此檢視：你與我的愛情價值觀為何？增進彼此瞭解，才更容易相處喔！

婚姻迷思（四）：愛情的力量可以改變一個人、克服所有困難

正在考慮是否要步入婚姻的婉琳問，讓她猶豫是否要和男友結婚的另一個理由是，男友的一些生活壞習慣，諸如：很大的煙癮，還有很愛喝飲料、吃垃圾食物，婉琳一直勸男友，為了身體健康希望他戒除這些壞習慣，但男友就是改不了。

在二人剛交往時，男友的確沒有在婉琳面前抽煙、喝飲料、吃垃圾食物，當時婉琳以為男友因為愛情的力量而克服了這些壞習慣。但當二人感情日益穩定，在論及婚嫁時，男友又開始在婉琳面前故態復萌。這讓婉琳很傻眼，原以為，愛情的力量可以改變男友，但沒想到，結果竟是如此。

傷心的婉琳不禁問，是不是她和男友之間的愛情力量不夠大，所以才無法讓男友改變呢？

美好的婚姻關係可以使人獲得滋養，但成長與改變是個人的責任

有些人以為，只要有愛，就可以改變對方，可以讓對方戒除壞習慣（如：煙癮、酒癮等），或者讓對方成長。

但事實是，愛無法改變一切。就像婉琳的例子，在熱戀期，婉琳的男友可能為了在婉琳心中保持好形象，所以不在婉琳面前做這些婉琳不喜歡的行為；但是，一個人可以假裝片刻，卻是無法長久偽裝。

一旦二人關係穩定，或者已經過了熱戀期，甚至許多人是在婚後，便會故態復萌，這便是「江山易改，本性難移」。

習慣是個人長期累積而成，要改變某個習慣，得仰賴個人的決心與毅力；亦即，要不要改變，是個人的決定，是個人「為自己」而改變，而非為他人改變。即使決定要改變，也往往要花費很大的力氣對抗「癮頭」，例如：煙癮、酒癮等。即使熱戀中的人為了愛人而願意改變或壓抑某些習慣，但是，進入婚姻後，舊習慣還是可能蠢蠢欲動，伺機而出

的。因此，若相信愛情的力量可以讓對方為我而改變，這恐怕是自欺欺人。

當然，在具滋養的好關係中彼此都可能成長，但是，成長與改變是個人自己的責任，我們無法強迫或「讓」任何人成長與改變。

婚前精明，婚後包容

婚前認清對方的優點、缺點，對方的缺點我是否能忍受？如果仍決定要結婚，那麼就要體認，對婚姻的承諾，代表著概括承受對方的一切，除了對方的優點、長處外，也包括要包容對方的缺點與限制。

有人說，為何大部分的婚宴中都會有「龍蝦」這道菜？這是因為，婚後的二人得要裝聾又裝瞎。這或許是個笑話，但也或許反映了某些婚姻的現實。婚前精明的檢視雙方的適配性，但婚後，得要少些精明，多些包容。

曾經聽過一個故事：

一位老太太和先生結褵幾十年，二人鶼鰈情深，幾乎沒有爭吵過。但是，老太太卻有個秘密，從來不讓老先生知道。就在二人結婚六十週年慶，兒孫們問著老先生老太太二人長久恩愛的秘訣，老太太終於在兒孫的起鬨中說出了這個秘密：老太太有個秘密寶盒，老太太從衣櫃底層取出這個寶盒，打開它，裡面有二個製作精美繁複的布娃娃，還有一大疊的鈔票，算一算，少說有一百萬。兒孫們忍不住問，這二個布娃娃和這一疊鈔票是怎麼來的啊？

老太太緩緩的說，「在幾十年前，我要嫁給你們爺爺時，我的母親告訴我，婚姻幸福的秘訣在於忍讓、包容。母親告訴我，在婚姻中當我生氣的時候，不要爭吵，而要去縫製精美複雜的布娃娃，這樣可以幫我轉移我的注意力，讓我情緒平靜下來。」

老先生聽了忍不住熱淚盈框，一方面是感謝丈母娘「教女有方」，讓自己享有美滿幸福的婚姻；另一方面，也驕傲自己和妻子結婚這幾十年來，只讓太太生氣二次。但是那一大疊的鈔票又是怎麼回事呢？老太太這才輕輕地說：「這些錢，是我這幾十年來賣布娃娃得來的。」

讀了這個故事，您是否也忍不住莞爾一笑呢？

當然，這個故事放在現在的社會文化來看，您可能會覺得不可思議，甚至不認同，「為何明明在生氣，卻不和對方說？」當然，過去老一輩的女人從小就被教導逆來順受、三從四德，和現代女性所受的教育環境的確有所差異。不過這個故事凸顯出一件事：婚姻中衝突、生氣是普遍發生的。

很多時候，夫妻之間的衝突只是觀點不同，沒有對錯。但若彼此都堅持「我是你非」，一件小事都可以吵得不可開交。若二人想要好好的一起生活、共享生命，最好的方法就是：接納與包容對方做他自己，就像自己也渴望對方接納與包容我做我自己一樣。

婚姻迷思（五）：**如果你真的愛我，就應該為我著想，順著我的意**

新婚一年的小美帶著沮喪、憂愁的面容，來到團體。在團體中，小美述說著自己婚後這一年的適應歷程，以及許許多多的委屈感受。小美說：「在婚前，我老公阿德很疼我，什麼都順我的意。

我要他往東，他不敢往西。但是婚後，阿德開始抱怨我，說我太自我中心，真是氣死我了！就拿上個週末晚上來說好了，我都已經規劃好過年要帶我爸媽和我們一起出國，我連旅行社也都聯絡好了，但阿德竟然大發雷霆，說什麼我都不尊重他，說我沒有先跟他商量就自作主張。可是以前他不都是什麼事情都順我的意，我做的決定他都照單全收啊！為什麼結婚後他就要這樣跟我計較呢？我一直認為，男人就是應該要寵愛女人啊！如果你愛我，就應該為我著想、順我的意啊！」

有其他成員問小美，「那麼你愛你先生嗎？如果你的想法是正確的，那麼，你先生是不是也可以說，如果你愛我，你也要為我著想、順我的意？」

小美聽了感到訝異，她從來沒從這個角度思考過，陷入了沈思⋯。

事實上：尊重自己與對方的獨立自主性

二個相愛的人在一起，雖然關係密切、休戚與共，但是，即使是夫妻，也仍舊是各自獨立的個體，都需要有各自的自主性與自我，更需要相互的尊重與體貼。夫妻是要創造「雙贏」，而非誰讓誰、誰聽誰的「我大你小」或「我小你大」的局面。

當然，小美認為「對方如果真的愛我的話，就應該為我著想，順著我的意思」的這個迷思，也可能是受到近年來盛行的電視偶像劇的影響，以為男人就應該對所愛的女人百依百順；但是要注意的是，婚前或熱戀期男生可能為了抱得美人歸，所以對女友百依百順、逆來順受。

但是，若關係長久的不平衡，小心有一天對方可能會反撲，就像小美的先生阿德開始對小美的自作主張大發雷霆；甚至更有甚者，當長期處於弱勢的一方受不了，又感覺到對方改變無望，便可能決定離開這段關係。即使處於弱勢的一方並未決定離開這段關係，但卻是不快樂，長久下來，仍舊會影響身心健康，以及關係的親密性。

曾經聽過許多類似情節的故事：強勢的一方在家裡是女王或國王，老是對另一半頤指氣使，老是抱怨對方無能、不成事，把對方貶損得彷彿一文不值。這位在婚姻中老是居下風的先生（或太太），忍氣吞聲。

就在某個機緣下，認識了一位溫柔婉約、願意聽他說話、把他捧得像老爺的女子，於是，這位先生便出軌了，開始流連在外面的溫柔鄉。或者居弱勢的太太遇見了一位溫柔多情的男子，在這位男子面前，這位太太才感覺到自己有存在的價值、覺得自己是被疼愛的、被珍惜的，於是，外遇就這樣發生了。

或者另一個版本，這位居弱勢的先生，開始不想回家，開始加班加到越來越晚，情緒越來越低落，甚至憂鬱，當然，太太就越來越不滿，越來越嘮叨，先生就更不想回家⋯⋯，於是，形成了惡性循環。

當然，這並不是在為對婚姻的不忠找理由，出軌還是不值得鼓勵的事，但是卻值得長久以來在婚姻中老是「佔上風」的一方警惕與省思。你佔了上風，是真的「佔上風」嗎？會不會到頭來，贏了面子，卻輸了裡子？

不要縱容對方不尊重自己

從另一個角度來看，前述故事中的小美，他們二人的關係會發展至此，她的先生難道就沒有責任嗎？

俗話說「一個銅板拍不響」，關係是互動的結果。在他們二人交往這些年，阿德不斷的縱容小美予取予求，以為「我愛你所以我願意處處順著你」，但是，這樣的親密關係就像親子關係一樣，長久的縱容，最後便是寵壞小美，讓小美以為阿德的順從是理所當然；以為二人間的任何決定只要小美說了便算，而忽略了，阿德也是個獨立的個體，同樣的需要被尊重、被體貼。在親密關係中，不僅要尊重對方的自主性，也不能縱容對方不尊重自己。當對方在表現出對自己的不尊重時，就應慎重以對，清楚溫和明白的讓對方知道，「請你尊重我，就像我尊重你一樣」。平衡的關係才能長久、幸福。

婚姻迷思（六）：**如果你愛我，你應該知道我的想法和感受。愛，就是什麼都不必說，對方就瞭解的**

靜香氣呼呼的來到團體，其他成員們關心的問靜香怎麼了。

靜香說，昨天是她和大雄的結婚週年慶，她本來期待浪漫的燭光晚餐還有禮物，但沒想到…。靜香話還沒講完，就有成員接著說，「大雄是不是忘記你們結婚週年慶的日子？」

靜香繼續說，「沒有，他記得。可是他竟然是在家裡下廚！他去買了菜，在家裡煮了一些菜，說要讓我休息！可是我想要的不是這個啊！我想要的是到外面餐廳吃飯啊！真是氣死我了！」

其他成員問，「你有跟大雄說你想要浪漫的燭光晚餐嗎？」靜香回答：「這種事哪需要講啊！我們已經結婚這麼多年了，他應該知道我想要什麼啊！而且我講出來了就沒那種Fu了嘛！」然後呢？

靜香說，「我昨晚那整頓飯悶悶不樂，大雄問我怎麼了？我沒說，我只說沒事。他那個呆頭鵝！他怎麼會不知道呢？真是氣死我了！」其他成員繼續問，「你為什麼不跟大雄說你的真正想法呢？」

靜香悠悠的說：「他如果愛我，他應該知道我在想什麼的啊！」

「我不說你也知道我在想什麼」是來自嬰兒期的渴望與幻想

靜香的這個想法：「他如果愛我，應該知道我在想什麼。」當然是迷思囉！但這也是許多人常見的迷思。或許，這個迷思反映的是我們在嬰兒期的願望：渴望被一個人完全的瞭解，渴望即使我不說，也有個特別的人可以知道我的需要、我的感覺，並且滿足我；這個人彷彿鏡子一般完全的瞭解我。

精神分析大師Winnicott認為，在嬰兒期，小嬰兒得到母親全神貫注的愛，小嬰兒不用言語，母親也會透過沈思、感覺而試著瞭解小嬰兒的感覺、需要，並滿足他。小嬰兒在這個被全然滿足的美好關係中便產生了全能幻想：我是獨特的，世界以我為中心，奶瓶／乳房是我創造的，因為只要我一哭，奶瓶／乳房就會出現。小嬰兒必須經歷這段全能幻想的階段，幫助小嬰兒發展「真我」。

所謂「真我」是指一種自發的存在經驗，會使他發展出較佳的對現實和環境的認知能力，也較能安然相處於其中，思想、行為較自然率真，也較獨立自主、喜歡獨處；長大之後，也不介意展現內心孩童的那一面，且較能享受有趣的事物。

相反的，在嬰兒期若沒有經歷到夠好的母親讓嬰兒保持全能的幻覺，嬰兒為了生存，於是就出現「屈服順從」的反應，發展出「假我」，亦即覺得自己不真實，彷彿是戴著面具生活，有疏離感，過分依賴別人的感受，並且避免玩耍或有趣的事物，總是想做正確的事或操控。

由上面的描述可知，嬰兒期經歷這樣全然的被滿足、全能幻想階段是重要的。但是，隨著嬰兒慢慢長大，大約在一歲以後，母親不再能立刻滿足嬰兒所有的需求，漸漸讓嬰兒喪失這種幻覺，認知到自己並不是全能的，必須依賴外在客體才能存活。這個挫折與覺醒的階段對嬰幼兒的發展也是很重要的，如此，他才能與外在現實產生連結，並慢慢的從完全的依賴走向成熟、獨立。

我們在長大後、理智上，當然會知道，「我不說你也知道我在想什麼」的這個願望，其實只是個幻想，這世界是不可能有個人像鏡子一樣完完全全的瞭解我。但是，在親密關係中卻很容易激發我們這個嬰兒期的幻想；當幻想沒有被滿足時，便會感到生氣、挫折，更常見的是，是生悶氣，就像上述案例中的靜香一樣。

練習直接表達想法與感覺

如果不說出自己的想法與感覺，對方怎麼會瞭解呢？許多人，尤其是女性，特別需要學習直接溝通、清楚而溫和地表達自己要的是什麼。

如果像上述案例中的靜香，等待對方變成她肚子裡的蛔蟲，認為對方「理所當然要知道我在想什麼」，不僅無法讓對方真正的瞭解她在想什麼，反而可能造成彼此的誤會及不舒服的情緒。靜香因為不肯直接表達自己的想法、需求，而感到挫折與失望，這些情緒雖然未被表達，但卻「表現」在夫妻互動中。

例如：在晚餐桌上自己悶悶不樂，大雄辛苦的做了一桌子的菜，但靜香卻生悶氣，大雄也會感到莫名其妙、不明所以，夫妻也就容易因此而爭吵。若長久累積這樣的憤怒、不滿足的失望與挫折的情緒，關係自然很容易生變，對親密關係是有害無益的喔！

婚姻迷思（七）：要男主外女主內、男人要比女人厲害

建華今天在團體中提出了一個問題，想聽聽看其他人的想法。建華和太太育有二個孩子，現在分別是二歲與三個月。

自從老二出生後，這對雙薪夫妻，同時要工作、照顧二個稚齡的孩子和處理一堆做不完的家事，雖然孩子是甜蜜的負擔，但還是常會因為分身乏術而脾氣不好。

建華的太太很想繼續念博士班，但是建華的父母長輩卻認為，從古以來「男主外、女主內」是天經地義的，女人應該以家庭、先生、小孩優先考量，不應該對事業有過高的企圖心，學位更是不應該比先生高。

然而，建華其實很喜歡照顧小孩，考慮過留職停薪，甚至辭職好專心的照顧幼齡的孩子，但是，建華的父母卻大力反對與阻撓，他們說：「我們怎麼可能讓我們的兒子成為吃軟飯的男人呢？！你怎麼可以讓你太太養你

呢？！」團體中其他成員問，那你太太的看法呢？建華表示，太太對於她自己的專業、事業有很高的期待，而且支持建華回家照顧小孩。

但是，建華的父母卻無法接受他們的想法。有人笑說，建華的太太反而像男人，事業心、進取心都重，而建華則像個女人，溫柔、喜歡照顧家庭。

共同真實VS個人真實？

在傳統的華人社會，對男女性別角色的期待是「男主外，女主內」，期待男人不只身高要高於女人，收入、學歷等各方面外在條件都應該要比女性高。這便是生涯諮商學者Miller-Tiedeman所稱的「共同真實」。

共同真實是社會所認為一個人「應該」做的事，然而，卻未必是符合一個人真正的本質與興趣。例如，在上述案例中，建華的太太想進修或追求更高的職位，但因為受限於「男高女低」以及「女主內」的性別刻板印象，而不敢或不能進修，追求更高學位與職位。建華其實喜歡在家帶小孩，而太太則剛好事業心重，若夫妻二人可以自由地做他們自己家庭生活形態的決定，「女主外男主內」對他們來說則是理想的生活形態。

但他們卻因為父母長輩較為傳統對男女性別角色的期待，而無法過他們想要的生活。因此，「共同真實」便限制住了他們自己的本性、興趣。

Miller-Tiedeman提出「生涯即生活」的概念，主張生涯不只是一份工作，而是生活形態的選擇，重視個人才能、興趣的發揮，鼓勵每個人相信自己的內在智慧，聆聽自己，允許自己順勢而為，你所做的就是你想做的，而非別人認為對你最好的，如此便是活出「個人真實」，而非遵循「共同真實」。

真正快樂的人，是能夠遵循個人的本質、興趣而為，亦即活出「個人真實」。

越進步的社會越能夠接納多元價值觀

在繪本「威廉的洋娃娃」一書中，小男孩威廉一直想要一個洋娃娃，他想要照顧洋娃娃，想要當洋娃娃的爸爸。但是，哥哥和鄰居卻都嘲笑他「噁心、變態、娘娘腔」。威廉的爸爸買籃球、軌道火車等玩具給威廉，威廉也玩著這些玩具，但是，他還是想要有個洋娃娃。可是爸爸就是不肯買給他。

直到有一天，威廉跟奶奶說其實他最想要的是洋娃娃。這位特別的奶奶，買了一個威廉想要的洋娃娃給他，並且告訴威廉的爸爸，威廉想要這個洋娃娃，「等他長大當了爸爸，他就知道怎麼餵孩子吃東西，怎麼愛他，……然後他就慢慢學會怎麼做一個好爸爸啦！」

在這個故事中的奶奶，便是有包容的心，能夠接納多元的價值觀，能夠接納威廉的興趣。越是進步的社會，越是能夠接納多元的價值觀。現在該是性別平等的年代，決定一個人可以做什麼、要做什麼，應該是以其興趣、本質而定，而不應是因為他／她的性別而必須做什麼或不可以做什麼。

例如：有個太太很喜歡照顧小孩，她辭掉工作專心照顧家庭小孩是因為她想要、她喜歡，而非社會壓力。而建華只要和太太協調好，太太可以追求她想要的事業，建華則在家照顧孩子。鐘鼎山林人各有所好，只要他們的決定沒有傷害到別人、沒有傷害到自己，我們是否能夠尊重、接納與祝福每個人的個別差異性呢？！

第二篇 了解婚姻不同階段，預先提防不麻煩

每個婚姻與家庭都有其獨特性，就像個體一般有個別差異性。然而，整體而言，婚姻與家庭的發展就像個體一般，有不同的發展階段與發展任務。在不同的發展階段，每個家庭有其特定的發展任務需要完成，而這也會影響夫妻雙方對婚姻的滿意度。有心理學者發現，夫妻對婚姻的滿意度會隨著家庭的發展階段而呈現U字型的曲線。也就是，在新婚蜜月期呈現高度滿意，而在養育子女過程中的中期階段滿意度大幅下滑，一直到小孩長大、少年夫妻老來伴的階段，婚姻滿意度又上揚。

我們要結婚嗎？

婉琳，與男友交往三年，已經論及婚嫁，二人最近正考慮是否要結婚。婉琳對婚姻生活有憧憬，但，這陣子做了很多很焦慮的夢，這些夢，都在訴說著婉琳對婚姻的恐懼。參加這個團體是想要聽聽看「前輩」的經驗，也希望可以學習如何經營自己的婚姻。

婚前恐懼

網路上曾經流傳一篇文章，描述一對中國留學生情侶在愛爾蘭留學、工作，最後決定結婚的故事。這對情侶到法院要登記結婚時赫然發現，愛爾蘭的婚姻制度是不准離婚的，但是他們卻可以讓欲結婚的夫婦選擇婚姻的「期限」。從一年到一百年，期限到了婚姻就自動結束，或者也可以選擇「續約」。

姑且不論這篇文章的真實性、愛爾蘭的婚姻制度是否真的是如此，但有意思的是，故事中的這對情侶他們當下的直覺反應是「先約定一年吧！」我也曾在「兩性關係」課堂上問過學生，如果是他們，他們會如何決定？婚姻期限要設定幾年？一半以上的學生都選擇短期的一年、二年、五年，很少有人有勇氣選擇「終身」。

有趣的是，相愛的二個人決定結婚之時，有誰不是打算廝守終身呢？但當有選擇權可以決定婚姻期限時，勇於承諾「我要和對方白頭偕老」的人卻是如此之少？！這是為什麼呢？其實，這個現象反映的，就是人們在步入婚姻之前，對婚姻的恐懼與不安。

有心理學者（Zimmer, 1986）指出，婚前的焦慮不安主要有三，包括：安全上的不安、滿足上的不安、以及刺激上的不安。有句台灣話「水某／水尪壞照顧」（漂亮的太太、漂亮的丈夫很難照顧），正是反映這種安全上的不安的心情。

這些不安包括：「這個人是不是值得我信任？這個人會不會背叛我？這個人會一生都對我忠貞嗎？」。至於滿足上的不安則是擔憂「這個人可以滿足我對婚姻的期待與需要嗎？」、「我們可以擁有平等、親密的美好關係嗎？」；而刺激上的不安則是「結婚後，我的享樂和自由是不是就必須減少了？」、「我們的婚姻生活會不會變得一成不變、變得無趣？」

婚前需要做的心理準備

瞭解這些婚前常見的恐懼，並認真的思考，包括：將婚姻中可能會遇到的挑戰視為必然，當遇到了就不必大驚小怪；思考如何降低這些婚姻困境。

例如：我們是否可以彼此信任？我要怎樣讓我的另一半信任我？我們可以如何共同創造滿足、平等、親密的美好關係？

我們如何在婚姻關係中創造驚喜、避免一成不變的生活？經過深思熟慮後的承諾，才是能夠真正承擔得起的承諾。

考慮要結婚的二個人，還需要做以下的心理準備，包括：二人是否都對婚姻的本質與現實有所認識與接納，並且有足夠的成熟度，願意且有能力為婚姻關係承諾、付出？二人對於婚後是否要生養小孩、以及教養子女的態度與價值觀能協調一致？

夫妻雙方對婚後的社會新角色，包括為人妻／人夫、媳婦、女婿、妯娌、連襟等新的親族關係，是否有共同的認知和執行能力？在婚前能夠清楚的認識與接納這些婚姻的本質與現實，將可增加對婚姻的適應。

新婚夫妻的挑戰

今天團體的主題是探索婚姻關係中不同階段的發展任務。新婚的小美首先發言，分享自己的經驗。自從和先生阿德結婚後，小美才發現原來二人之間有這麼大的差異，這是婚前始料未及的。光是飲食習慣二人就有很大的差別。小美喜歡吃得清淡，煮菜時油、鹽能少放就少放，但阿德卻喜歡重口味，老是嫌小美煮的飯菜沒滋沒味。

還有，二人的衛生習慣也很不同。小美喜歡洗完澡後順手把浴室刷一刷、擦一擦，但阿德每次只要用過浴室就像是打過仗一樣，水噴得到處都是，小美每次都忍不住提醒阿德，要順手清一下浴室，但阿德卻老是記不得，老是說「以前我老媽從沒管過我這檔子事！」小美和阿德還有一個更大的衝突，就是金錢價值觀。

小美從小就被父母教導，要量入為出，要儲蓄以備不時之需。但阿德卻是標準的「月光族」，賺多少就花多少，「儲蓄」這二字從沒出現在他的辭典裡。

現在婚後，小美和阿德便常為了用錢的習慣而吵架。還有家事分工、假日休閒生活的安排、年節活動等等……，這些差異，都是婚前沒有生活在一起，沒有認真去面對與瞭解。面對這樣頻繁的衝突，小美根本不敢生小孩！

新婚夫妻的發展任務之一，在面對與協調彼此差異與衝突

上述小美所描述的狀況，也是許多新婚夫妻得要面對的挑戰，也就是面對與協調彼此的差異與衝突。尤其，婚前不曾住在一起的夫婦，更容易因為婚後共同生活、密切相處而赫然發現彼此的差異竟是如此之大。

結婚前的情侶，若能多談談彼此的生活習慣、價值觀，可以降低婚後的「驚嚇」程度。

認識彼此差異，減少「我是你非」的執念

一般而言，新婚夫妻之間最容易發生衝突的是金錢價值觀、角色期待的落差、家事分工的衝突、是否要生養小孩、以及姻親相處的適應等。這些議題，如果在婚前可以先充分的討論，或許有助於婚後的適應。

但許多夫妻在婚前的約會，沈溺在花好月圓的美好浪漫中，或者因為「情人眼裡出西施」，汲汲營營想抱得美人歸，而忽略這些現實議題的討論。

金錢價值觀的差異是許多夫妻最容易遭遇的挑戰。如上述案例中的小美，有較為理性、現實的儲蓄觀，但丈夫阿德卻是及時行樂、月初領薪水吃牛排、月底吃泡麵的「月光族」。許多價值觀、生活習慣未必有好有壞，他們只是不同。

例如：向來律己甚嚴的小美若能欣賞阿德的及時行樂，並隨著阿德的隨性而減少生活中嚴格的控制，多些心血來潮的享樂，正好可以平衡小美的一板一眼。另一方面，向來隨性的阿德若也能欣賞小美為了家庭而堅持儲蓄，二人可以商量家庭收入中有多少比例要做

為儲蓄之用，有多少比例可以作為旅遊、大餐等享樂活動之用，那麼，二人的差異便不再是詛咒，而能夠成為祝福。

但若小美或阿德堅持自己的價值觀、用錢的習慣才是對的，對方是錯的，這樣的態度就彷彿在說「你做錯事，而且做錯了二、三十年」。任何人被這樣指責當然都不會舒服。

新婚夫妻調適之道，便在認識彼此的差異，學習欣賞這些差異，將差異視為幫助自己拓展生活的可能性，減少「我是你非」的執念。

家有學齡前子女之挑戰

今天團體探討的主題是家有學齡前子女的挑戰。有些成員已經是「過來人」，走過了那段奶瓶尿布齊飛、「有子／女萬事足，就是睡眠不足」的特殊時刻，有些成員則還在「現在進行式」，有些人則在門外觀望。

已是過來人的成員中，有的人說「還好我的小孩都已經離手了，呼！那段日子，雖然甜蜜，但也還真是辛苦，常常睡眠不足。」尤其更為挑戰的是，如果又有了另一個新生兒，那簡直就是兵荒馬亂。

團體的男性成員建華聽了其他「老前輩」成員這麼說，點頭如搗蒜，「對對對，就是這樣。我家老大才二歲，我老婆剛生完老二，我們簡直就是分身乏術，每天都睡眠不足。」

學齡前家庭的挑戰：時間體力與夫妻關係的挑戰

孩子是父母甜蜜的負荷，學齡前家庭，幾乎以孩子為家庭作息的重心，一切考量以孩子的需要為首。有學齡前子女的家庭，對夫妻的挑戰包括時間、體力與人生順序的重大考驗，以及夫妻容易口角而考驗彼此的關係。

學齡前子女需要很多的照顧，尤其是三歲之前，許多父母說，孩子在三歲之前是家庭最難熬的一段時間；但是，在孩子在三歲之前與孩子的密切相處也是值得珍惜的一段黃金相處期，因此父母也會認為，這是甜蜜的負擔。

然而，為了照顧孩子，對許多父母而言是體力的大考驗，孩子半夜哭鬧，為了照顧孩子，睡眠時間減少，也可能影響隔天的工作。除了體力的考驗外，時間分配與夫妻分工是另一項考驗。

當孩子有突發狀況，如：生病、發燒，有些原本計畫好的事情會可能得因此而停擺，例如得要請假照顧孩子。但是誰請假呢？夫妻之間的分工協調也是另一項考驗。

有了孩子後，除了體力與時間的考驗，還有人生順序的調整，以孩子為首要考量，可能也代表著需要犧牲事業上的衝刺發展。

團體成員曉娟說：「對對對，就是這樣，孩子托保母帶，我們希望每天都接孩子回家，這樣和孩子會比較親。可是每天下班都得要有人接寶寶回家，有的時候我工作很忙，或有突發狀況，我就會很緊張，擔心來不及接寶寶，或者得要趕快聯絡老公，看他能不能去接寶寶。以前可以常常加班，但有了寶寶後，每天都儘早下班回家，也因為寶寶，我得要放棄現在晉升的機會。」

此外，因為孩子為父母所帶來的體力、時間的考驗，也會同時考驗夫妻關係，許多夫妻因為繁重的工作與體力的負荷，加上有了孩子後夫妻沒有時間可以約會、經營夫妻間的情調與浪漫，而容易情緒不佳，煩躁、焦慮，或因為對照顧孩子的看法不同而發生口角或抱怨。

有助於家有學齡前子女之夫妻適應的保護因子

雖然家有幼兒對夫妻有上述的考驗與挑戰，然而，仍有許多父母會認為，「比起負擔，孩子的誕生與成長更勝過負擔」，「小孩的出現不是累贅，而是家庭的幸福催化劑」。有助於夫妻適應的保護因子包括：喜歡小孩，將孩子視為家庭氣氛的潤滑劑；夫妻感情穩定，預期中的懷孕；以及有長輩的奧援。

學齡前兒童天真、富有創意，有些父母會經驗到，當父母面臨壓力或問題之時，孩子的童言童語有時會讓父母驚嘆、歡欣，壓力得以釋放；在家庭氣氛緊張時，孩子有時也會成為最好的潤滑劑，讓夫妻和長輩間話題變得更多，氣氛也更加歡樂，常常會因為寶寶的一個小動作，逗得大家眉開眼笑。

夫妻因為喜歡孩子，即使為了孩子而犧牲時間、體力、晉升的機會，但也容易看到夫妻二人的生命因為孩子而更加豐富，而感到甜蜜、幸福。

此外，夫妻如果本來感情就穩定，也期待與計畫著懷孕，在小孩出生升格當爸爸媽媽後，因為生小孩本來就是在夫妻生活的計畫裡，兩個人的心態也比較容易調整與適應。所以對於這些生活上的改變，也都很自然地能夠接受。生活的重心也都會擺在小孩身上。最後，如果家中有長輩或資源可以支援照顧寶寶的工作與協助突發狀況的處理，也會降低夫妻的壓力。

膝下無子女的夫妻

今天團體中，靜香分享她的婚姻故事。靜香與大雄結婚已經十年。二人婚後便開始計畫生育，但無奈，就是不得送子娘娘垂憐，一直沒有懷孕。

在婚後三年，二人開始積極的尋求治療，西醫的檢查、中醫調理身體，甚至民俗療法、求神拜佛等秘方樣樣來，但還是沒有結果。最後，二人開始嘗試人工受孕、試管嬰兒，試了幾次，吃了一堆藥、打了一堆針，但還是天不從人願。

這些年，靜香最怕的事就是過年過節，只要過年過節需要和大雄回到婆家，二人就會受到許多親戚關懷的眼神與詢問：「什麼時候生個小孩？」、「怎麼結婚這麼久了還沒有消息？」雖知道親戚是好意，但每次的詢問，都像是在靜香的傷口上灑鹽一般，很痛，但卻有苦不能言。

還好，大雄還算體貼，到後來，大雄就把一切不孕的問題歸於大雄自己身體不好，告訴親戚「因為我身體不好所以沒有生」，就這樣，塞住了親戚們的嘴。眼看靜香已經過了適合生育的年紀，夫妻二人，便開始思考，沒有孩子，要怎麼打算？

不孕夫妻的心理歷程與壓力

上述靜香與大雄的案例是許多不孕夫妻的景況。從剛開始計畫懷孕、發現一直無法受孕、積極尋求治療、民間偏方、求神拜佛等，但是，還是無法如人意。往往這歷程會經歷好幾年，夫妻感到筋疲力竭、很重的失落感與遺憾。

另一個需要面對的壓力就是社會輿論壓力，如上述案例中大雄的親戚「熱心而好意」的不斷詢問，但對不孕夫妻來說，卻是壓力重重。

此時，如果丈夫可以扛起保護太太的責任，像大雄一般對夫家的親戚宣稱是丈夫的問題，這對夫妻較可能共同走過這段難熬的時光與克服沒有孩子的壓力，並且感情益堅。當太太已經過了適合生育的年紀，二人接下來要如何調適與面對沒有子女的生命課題呢？

接納沒有孩子的遺憾，將親代性需求轉移到其他對象

心理分析師艾瑞克森（Erik Erikson）提出人生的八大心理社會發展階段。四十歲到六十歲這段人生的中壯年期重要的發展任務就是親代性（generativity），所謂親代性的任務是指撫育、照顧下一代的需求，如果無法完成這個發展任務，中年人便有生命停滯之感，會影響老年生活的適應。

那麼，沒有孩子的夫妻，要怎麼辦呢？這個生命課題，首先，得要先接納沒有孩子的遺憾，尤其是已經經過積極的治療、求子過程，最後的結果仍讓人失望，難免會有失落之感。這些複雜的情緒，得要先學習接納。

接著，便是將親代性的需求轉移到其他對象，例如：領養孩子；照顧、關懷自己手足的子女，姪兒、外甥等；或者從事與兒童有關工作的人（如：幼稚園與國中小教師、保

母、兒童諮商師等），可以將照顧下一代的愛心化為大愛，投入於兒童照顧相關領域的工作上。

甚至有些中年人願意從事慈善活動、協助年輕人發展，或者是獻身於對社會、國家有用的工作上。這些替代性的方式，一樣可以滿足中年人的親代性需求與發展任務。

空巢期的挑戰／中年期階段的夫妻

在團體中，面臨空巢期的曉慧，分享自己最近以來的困境與憂鬱。

打從婚後，曉慧便辭掉工作專心的在家裡料理家務、照顧孩子，讓丈夫無後顧之憂地在外發展事業。

二十多年來，曉慧一直以家庭為生活的重心，彷彿自己的存在是為了丈夫小孩。然而，最近曉慧最小的孩子也離家上大學，丈夫則是位高權重，常常不在家。面對空蕩蕩的屋子，曉慧常會感到寂寞孤單，甚至心慌的可怕，覺得自己彷彿不再有存在的價值。

曉慧為了打發時間、處理這種心慌、焦慮的感覺，不斷的逛街購物，在逛街購物時，會有一小段時間忘卻煩惱，但是，奇怪的是，大肆血拼後，回到家，空虛的感覺卻不斷的襲來，讓她更覺寂寞……。

「我要什麼？」：發展自主性，為自己而活

許多女性在年輕的時候，尤其是現在已是中年以上年紀的女性，順服社會的期待，婚後辭掉工作專心在家相夫教子，就像上述案例中的曉慧。

在曉慧的孩子離家前，她努力扮演好太太、好媽媽的角色，為了扮演好「母親的完美形象」，亦即無私、任勞任怨、寬容、有創意、好廚子，將生活的重心全數放在家庭上，心之所繫全是孩子要什麼、丈夫喜歡什麼，但是，對於「我要什麼」則予以忽略，或壓抑，不知道或不敢說她要什麼；她犧牲自己的需要與事業夢想，竭盡所能去實踐這個絕對無私、卻讓她失去自我的理想形象。

當然，這並不是說，每個決定要回家當全職媽媽的女性，都是這種傳統社會性別角色期望下的犧牲者，而是，回家當全職媽媽是不是女人自主的決定？這個決定是否會讓自己快樂？若這位媽媽很享受全天和奶娃、奶瓶、尿布共處的生活，享受看著孩子黏著自己、陪著孩子一起長大的歷程，她還是個快樂自主的女人。

但是，不管擔任全職媽媽的決定是女人自主的決定，或者是順從社會期待而不得不

然，空巢期女性還是得要隨著生命發展階段的推動，面對孩子慢慢長大，有他們自己的生活與世界，不再這麼需要媽媽隨時的臨在，此時，可能會經歷一個複雜的情緒歷程，當子女長大離家，頓失精神寄託，感到一股濃濃的憂愁與失落。

「危機」二字，是「危險」加上「機會」，因此，中年危機，恰巧也是個機會，讓空巢期父母得以回到自身身上，重新檢視自己的生命，開始思考，「我『要』什麼」這個「困難」的問題，重新找到生命的重心。

角色盤點，重新找到生命重心

在團體中，我請成員做生命角色的盤點活動，先畫出目前的各種生命角色，訴說各種角色故事；接著，重新為自己做決定，調整生命角色的比重。

經歷幾次團體的分享與探索後，曉慧重新檢視自己目前的生命角色，「媽媽」角色變小，她把「太太」和「學習者」的角色加大，她決定，要花更多時間積極經營夫妻關係，畢竟，「少年夫妻老來伴」，曉慧也決定要積極的當個「學習者」，除了心理成長課程外，她年輕時一直想學習書法、畫畫，但因為忙著孩子，一直無緣實現，此時，正是個好時機！

此外，曉慧又加上「志工」角色，她決定要去擔任志工，貢獻自身心力。團體成員們莫不為曉慧鼓掌祝賀，看來，曉慧已經為自己未來的生命，找到了新的方向與重心！看著曉慧從剛開始的憂愁、空虛、焦慮、寂寞，到現在整個人都亮了起來，我感到欣慰！精神分析始祖佛洛依德說，健康的人，是能夠享受愛與工作的人。

「愛」，並非狹義的男女情愛，而是包括對家人的愛、對親朋好友的愛、甚至是對陌生人的慈悲與愛；工作也不是侷限於有給職的工作，也包括個人能夠投注心力於有意義、有價值的任務上，如志工工作。曉慧不僅積極經營夫妻關係，也找到生命的新重心，投注其心力在學習志工的工作上，這樣，她是個健康的人！

晚年退休階段的夫妻

在今天團體中，大家延續上次空巢期的挑戰議題，想要繼續探討，當夫妻二人都退休後，從退休到死亡這段時間，依據目前的平均壽命，可能還有一、二十年可以活著，這段晚年退休生活，可能會面臨哪些挑戰？如何預防可能的問題？如何面對？

追求統整與圓滿是老年發展任務

依據心理分析師艾瑞克森（Erik Erikson）所提出人生的八大心理社會發展階段，六十歲以上成年晚期重要的發展任務是追求統整（integrity）與圓滿。

所謂統整，是指在這個階段的長者，回顧自己這一生，當能夠感到自己一生無所遺憾、豐足美滿、心滿意足，便是完成了統整的發展任務。

相反的，無法順利完成統整發展任務的年長者，便是感受到缺憾遠多於滿足，破滅、無望、罪惡或怨懟於自己此生沒有好好的過。

當然，成年晚期階段是否能夠統整，會受到生命前幾期階段的發展任務達成狀況所影響。亦即，年少時候的努力與心理成長，同時也是為老年生活的滿足感預作準備。

團體中曉慧有感而發的說：「喔！這麼說，正面臨空巢期挑戰的我，現在能不能好好的過、好好的找到我的生命重心，可是攸關我老年的心理健康喔！」賓果！一點都沒錯！曉慧接著問：「可是，生命中有些事情錯過了就是錯過了，到了中年期，已經很難再追回來，例如：我其實一直想要擁有自己的專業，可是在我年輕時，為了家庭、小孩，我放棄我的工作，我回到家庭作全職家庭主婦。還有啊！有些人很想要小孩，可是就是無法如願，那他們怎麼辦呢？這些願望恐怕都已經無緣實現，得要抱憾終生了。怎麼辦呢？」曉慧問了個重要的問題。

重新回顧並解讀自己的生命歷程，學習接納與感恩

天底下大概沒幾個人可以實踐自己年少時全部的夢想與願望。

生命難免有遺憾，重點不在於是否有遺憾，而是，我們如何重新回顧與解讀自己的生命歷程，如何看待自己生命中的遺憾，並且分辨，哪些遺憾得要接受，哪些遺憾還有其他機會或方式可以彌補，並且有勇氣去做。就如美國清教徒神學家Niebuhr 在一九四三年寫的禱告詞）：

神啊！
求賜我寧靜，去接受我所不能改變的；
求賜我勇氣，去改變我所能夠改變的；
更求賜我智慧，去分辨甚麼是能夠改變的，甚麼是不能改變的。

例如：上述案例中曉慧年輕時選擇擔任全職媽媽，放棄自己的專業工作與夢想，當初

曉慧會做這樣的選擇，一定有其考量與理由。曉慧若能夠接納年輕時的自己所做的決定，學習接納生命的一切，不管好的、不好的、喜歡的、不喜歡的，感謝自己曾經的努力，感恩對自己有貢獻的所有人事物，並且把焦點放在自己的生命中獲得了什麼，而不是失去了什麼，將有助於獲得寧靜的心情。

曉慧搶著說：「喔！我懂了。雖然我為了孩子放棄我的專業工作發展的機會，但是，我在陪伴孩子長大的過程中也獲得很多滿足感，看著孩子平安健康的長大，其實是很值得的。」是的！曉慧真是聰慧啊！

此外，對於可以改變的，保持年輕的心，減少自我侷限，去做你想做的事、實現曾經有的夢想；只要去做，永遠不嫌晚。就如同紀錄片「不老騎士」，一群平均八十歲以上的長者，騎著摩托車環台，大部分人可能會說「這怎麼可能！」但是，這群長者真的做到了，不管他們有沒有騎完全台灣，但這股「不老精神」感動許多人。實踐「不老精神」需要勇氣。我們都需要智慧幫助我們區分，什麼是可以改變、什麼是不能改變的。可以改變的，我們積極、勇敢的去做；不能改變的，我們便是學習接納。

學習放下，避免嘮叨，修復重要的親密關係

常聽說一些老年夫妻的互動故事：

重聽的老先生平常與老妻在家都不願帶助聽器，但只要子女回家來老先生就會自動的趕緊戴上助聽器，和子女談天說地。原來老先生受不了老妻的嘮叨，「耳不見為淨」。這位老妻常常因為老先生不想聽她說話而氣得要命，更想嘮叨老先生……。

這樣的老夫妻互動模式恐怕不是一時半刻型塑出來的，當然，誰對誰非已經不重要，這樣的互動模式是雙方互動的結果。晚年生活的重要任務之一，就是學習放下，避免嘮叨，以及修復重要的親密關係，諸如：夫妻關係、親子關係等，讓長者在生命的最後階段可以減少親密關係上的遺憾。這些重要的親密關係，最好能夠提早修復，或者更好是早早的就積極經營。

Memo

第三篇 懂得溝通，婚姻生活更美妙！

「相愛容易相處難」，之所以相處難，在於不懂得如何有效的溝通；或者即使「溝通」了，但卻是「有溝沒有通」。

本篇，將探討夫妻溝通的重要概念，並提供幾個重要的溝通技巧，以及有建設性的吵架技巧。學會這些溝通技巧，相信對婚姻關係品質的提升會有所幫助！

我被騙了！婚前婚後大不同

筱萍難過的來到團體，她和老公維凱又吵架了！

維凱抱怨，為何婚後二人會頻頻吵架？而且老是為同樣的問題在吵？難道他們的婚姻是一種錯誤嗎？

婚前那個善解人意、溫柔有禮、聰明伶俐的女孩怎麼不見了？

昨天在吵架後，維凱受不了二人的爭執，憤而甩門而去。

可是筱萍也是滿腹委屈。自從婚後，筱萍掌理家裡的經濟，因為維凱很沒有數字概念，錢交給他管理一定會出問題。

因此結婚前二人便商量好，二人的收入都由筱萍統籌管理。但一段時間後，維凱開始受不了了。維凱的爸媽生日，維凱希望筱萍可以準備大一點的紅包孝敬老人家，但筱萍卻磨磨蹭蹭，算計著以目前的家庭收入能給老人家的金額。但這金額跟維凱想給的實在差太多！

筱萍和維凱吵架後，維凱甩門而去，筱萍傷心的落淚。她也不懂，婚前那個體貼、會甜言蜜語、常帶給自己驚喜的男人到哪裡去呢？

維凱一點都不懂得，持家、掌理家庭經濟的困難，他只知道要花錢，卻不知道一個家庭有多少的開支需要打理。

婚前優點，婚後變成缺點？！

許多人，在結婚後往往會發現，怎麼另一半在婚前的優點，反而變成婚後的缺點。

例如：婚前的「大方」、「出手闊綽」，但在婚後卻變成「浪費」、「不知量入為出」；婚前的「好脾氣」、「溫和」，到了婚後卻變成「溫吞」、「擺爛」；婚前的「精明」、「聰明」，到了婚後就變成「愛計較」。

這樣的差異，其實是因為雙方關係的轉變，從男女朋友／情人，轉變為夫妻／家人關係，對對方的需求與期待自然會有所變化。另一個原因，則是因為雙方的價值觀、需求、性格差異所致。

互補的人格氣質使得雙方「相愛容易相處難」

我們在選擇結婚對象時，會受到許多因素的影響，包括：社經條件、教育程度、父母期望、外表等等。依據分析心理學家榮格（C. G. Jung）的理論，我們選擇結婚對象時影響最大的力量是是人格氣質。

我們常常不自覺的受到潛意識力量的驅使而被互補類型的人所吸引進而結婚。榮格認為人格氣質互補的人會相互吸引，是因為對方身上具有自己尚未發展或被壓抑的的特質，榮格稱之為「陰影」（shadow）。

例如：一個內向害羞的「草食男」，會不自覺的受到一位外向活潑開朗的「陽光女」所吸引；或者一位常猶豫不決的人，愛上對方的果決特質。然而，我們雖會被互補／相異特質的人所吸引，但是卻不容易相處，其中最大的困難就在於相異的二個人往往價值觀、個性差異很大，而容易引發衝突，也因此常有人感嘆「相愛容易、相處難」。

這也是為何許多人會發現，對方在婚前的優點，怎麼婚後卻變成缺點的原因。當然，每個人對親密關係或婚姻的要求與需求不同，如果雙方的價值觀差異太大，大到難以妥協與調整，或許，這就不是適合的對象。但是，如果可以將雙方的「差異」視為一種「祝福」，或許情況會完全改觀。

將「差異」當成「祝福」

許多人在婚姻中發現對方在價值觀、性格上和自己差異很大時，往往會心存「我是你非」的想法。例如上述案例中的筱萍和維凱這對夫妻，筱萍的價值觀是「要小心計算、量入為出」，但維凱卻想要對父母出手大方。這二人的價值觀是有差異，沒有誰對誰錯。

通常，價值觀是個人長久、持續所抱持的信念，而性格則是個人持久的態度，都是很不容易改變的。因此，如果有人想要改變自己的伴侶的價值觀與性格，通常會受到拒絕。如果有一方堅持期待對方改變，往往會造成雙方難以解決的衝突。

相反的，如果我們能夠覺察、瞭解自己這種想要改變對方的意圖，並能節制自己想要改變對方的慾望，在每次有衝動想改變對方時都停下來把話吞進肚子裡，我們就有可能可以走上瞭解並欣賞對方的第一步了。

例如：一個急性子的人遇上一個慢郎中，可想而知，當二人相處、共同生活必定會產生許多的摩擦與衝突。如果，我們可以體會：對方與我的差異，其實是要幫助我學習、幫助我發展我尚未發展的特質，並尊重與欣賞對方與自己的差異。

例如：急性子的人需要學習慢下來，而慢郎中需要學習有效率，那麼，親密關係就可能成為幫助自己成長、幫助自己變成更成熟、更有彈性的人的滋養關係。此時，「差異」就成了一種「祝福」囉！

這時，讓溝通化為無形

今天團體中，靜香分享她在婚姻中曾遭遇的困境。靜香與先生大雄相識多年，終於結婚了。新婚之時，常為了些生活習慣的不同、姻親關係的處理等等問題而爭吵。

他們典型的「溝通」模式就是：二人為了某些事情意見不同，衝突、爭吵。接著靜香便哭哭啼啼，大雄受不了靜香的眼淚，於是「離家出走」幾個小時，甚至一整天，希望二人可以冷靜下來。

大雄冷靜下來後，帶著一朵巷口花店所買的玫瑰花回家，把花遞給靜香，什麼也沒多說，彷彿沒事一般，依照往常的方式和靜香互動。靜香看到大雄回來，接過花來，高興的迎接他，二人又恩愛如昨。

然而，到了晚上，靜香心想，「很多人不是講，夫妻就是要多溝通」、「有問題一定要溝通清楚」，於是，便找大雄想要談清楚早上的衝突。

然而，大雄卻覺得很煩，「我們現在不是已經和好了嗎？還要談什麼呢？」但靜香就是堅持，「要談清楚啊！很多人都說要溝通啊！」於是，為了「是否要談清楚」這件事，二人又開啟了另一場衝突……。

靜香與大雄是因為愛情而結婚的。但是，二人爭執不斷，問題出在哪兒呢？從他們典型的「溝通」模式描述中，有二點可以討論。第一，二人人格氣質的差異。第二，什麼是「要溝通清楚？」當一方想「溝通」，但另一方卻無意溝通時，要怎麼辦？

人格氣質差異，溝通模式不同

每個人的人格氣質不同。有的人較偏向內省或內向型，個性內向，喜歡沈思，喜歡自我反省，對自己的內在狀態感興趣，希望自己能夠不斷思考提昇自己的深度與內涵。在親密關係上，這樣的人比較偏好釐清二人的關係，重視二人心靈相通的感覺，希望透過溝通瞭解彼此，發生爭執時，會想要好好的談清楚二人是怎麼了。如上述案例的靜香。

然而，偏向外向型的人，個性外向，對外在事件較感興趣，喜歡社交活動，交友廣闊，但是較不喜歡深思，當親密關係發生爭執，會希望「過去了就算了」，不想談已經發生的衝突事件。如大雄就是外向型的人，他認為，只要二人氣都消了，快快樂樂的繼續生活不是很好嗎？何必再談那些不愉快的事呢？

一方是偏向內向型，想要把關係、把衝突談清楚，但另一方卻是偏向外向型，不想深思、不想討論衝突，那該怎麼辦呢？

尊重對方不想「正式溝通」的意願，善巧的將溝通化於無形

通常，內向型的人會比較辛苦，因為內向型的人喜歡深思，考慮的較多，對關係較為敏感，也在意二人關係的品質。但是，內向型的靜香遇見外向型的大雄，該怎麼辦呢？若一方不想溝通，該怎麼辦？或許，「以柔克剛」是個可能的出路。

也就是，當大雄不想「正式溝通」，不想打開心門好好的談，靜香就算在外面敲破門、把自己氣死了，恐怕也不會有效果。我們都聽過「北風與太陽」的故事，北風與太陽

比賽，誰可以讓路上的人把大衣脫掉。北風使勁的吹，路上的人只會把大衣拉得更緊，而太陽以他的溫暖，自然而然就讓人們自動的把衣服脫掉。

談到這裡，如果您正是較為內向、想要好好溝通的一方，要怎麼處理這個挑戰，心裡應該已經有些腹案了吧！

是的，當有一方不想溝通，我們使勁的抗議、敲門恐怕沒用，我們可以做的是，先尊重對方不想「正式溝通」的意願；但是，不想「正式溝通」並不代表「沒有溝通」，例如，大雄帶著一朵花回到家，其實就是一種溝通方式，透過這朵花，可能是告訴靜香「對不起啦！」或者「我們和好吧！」

如果靜香瞭解大雄的人格氣質，故事發展到此，「見好就收」，不用勉強對方一定要在此時「正式溝通」。當然，如果類似的爭執重複的發生，代表二人的確需要溝通，但溝通方式得要善巧應變，以對方可以接受、可以發揮效果的方式進行。例如：靜香可以寫封文情並茂的信給大雄，所謂「文情並茂」是指三明治式的溝通方式，亦即「正反正」溝通法。先表達對對方的愛、感謝等正向的情感；接著才表達二人的衝突中，自己的感受想法，以及期待；最後結束前再表達對二人關係的正向期待與感受。

當然，如果對方沒有回信，不代表他沒有收到、沒有思考；對於外向型的人，得要多給他些時間，以對方可以接受的方式，慢慢的影響他。畢竟，溝通的最終目的是希望能達成人際影響，不是嗎？

注意非語言訊息，讓溝通更順利

延續上次靜香與大雄的溝通問題。這次靜香來到團體，開始敘說上週團體結束後回到家和大雄的溝通狀況。靜香和大雄上週又發生了一次衝突。很不尋常的，大雄這天在靜香下班時到靜香的公司接靜香回家。

靜香一看到大雄，就跟大雄說，待會兒我們先到超市買些菜回家煮，大雄聽了後，看起來有些不開心，但什麼也沒說，只說「喔！」然後二人就去超市了。

一路上，大雄看起來有些怪怪的。靜香關心的問大雄怎麼了？大雄卻只說「沒事」。靜香想起了上週團體中我說的，「對方還不想說的時候，不要勉強對方一定要在此時溝通」，於是靜香不再追問。

菜買好了回到家，靜香很快的下廚房煮晚餐，煮好了請大雄來用餐。但整個餐桌上，大雄不發一語。靜香越想越氣，自己一樣要上班，下了班還要煮飯張羅二人的晚餐，大雄不感激就算了，還擺個臭臉！

靜香忍不住開始念了起來，「你是怎樣？老是擺臭臉，你不知道我也很累嗎？我煮的飯有這麼難吃嗎？我是欠你啊！」大雄這時也火了，開始回嘴：「什麼叫我老是擺臭臉？我擺臭臉今天幹嘛去接你下班？！你以為只有你生氣嗎？你這個笨蛋，怎麼看不出來我今天不想在家吃飯！」

靜香這才恍然大悟，原來，大雄今天特地提早下班來接自己，就是想要上餐館好好的放鬆、享受一頓美食。但他怎麼不明講呢？害剛才二人在盛怒下都講出不好聽的話。

靜香與大雄這次的爭吵，有幾個可以注意的溝通原則。第一，注意人際溝通中的非語言訊息；第二，辨認溝通中的高危險反應。第三，在親密關係中，不要期待對方變成我肚子裡的蛔蟲，這在第一篇「迷思六」已經談過。

注意人際溝通中的非語言訊息

人際溝通中，包括語言訊息、非語言訊息與副語言訊息。語言訊息指的是雙方所說的話語內容。非語言是指肢體動作、表情、姿勢等所傳遞的訊息；副語言則是指聲調的抑揚頓挫等。非語言與副語言我們可以合稱為非語言訊息。

猜猜看，在人際溝通中，我們對對方訊息的理解，有多少百分比是仰賴語言訊息，有多少是依據非語言與副語言訊息？依據心理學的研究，我們對對方訊息的理解，只有七%是依據語言訊息，有高達九十三%是仰賴非語言與副語言訊息。你猜對了嗎？這樣的心理學研究發現，提醒著我們，在溝通時不只聽到語言訊息的「內容」，更要聽懂非語言與副語言所傳達出來的「過程」。

在上述案例中，大雄在聽到靜香說「要買菜回去煮飯」時，變得悶悶不樂，雖然他沒說，或者不願意說，但他的非語言已經在告訴靜香，「我不開心」。如果靜香注意到大雄的非語言訊息，多關心一下，或許結果會不同。不過，究竟要關心到什麼程度？對靜香來說的確很難判斷。溝通是雙方互動的結果，如果大雄可以明白的說出「我今天想上餐館好好吃一頓」，這次的爭吵或許就可以不必發生。

溝通障礙：溝通的高危險反應

另一個需要關注的重點是，溝通時有時會說出傷害對方，或傷害彼此關係的話，這些話，我們稱為溝通的高危險反應；這些反應並不是完全不能做，只是，若這些反應過度使用，不僅容易導致溝通無法深入與進行，也會阻礙人際親密感；因此，在溝通時，要留意避免做出這些高危險反應。

高危險反應包括：對對方的人格做負面的評價，人身攻擊，或給予標籤，例如：上述案例中，大雄罵靜香「你這個笨蛋」。第二類常見的高危險反應是以偏蓋全，如上述案例中，靜香罵大雄「你老是擺臭臉」，注意這個「老是」或「總是」這類的詞語，這些負面標籤及以偏蓋全的語言很容易引起對方的防衛，自然就無法心平氣和的溝通。

其他常見的高危險反應還包括命令、說教或威脅，例如：「你馬上去做飯」、「你不應該出去」、「你不道歉我們就分手」等。或者是放冷箭，在對方失意難過時冷嘲熱諷，如：「當初跟你說你不聽，看，現在後悔了吧！」、「誰叫你不聽我的」等。還有忽略對方情緒的安慰，在對方難過、疑慮時，並未面對或接納對方的情緒，而是企圖轉移焦點，例如：「你想太多了」、「不要去想就好了」、「這有什麼值得大驚小怪的，比你更慘的大有人在啊」、「別擔心，不會有事的」。

前幾類高危險反應有個普遍的特色，就是會傷害對方的自尊，無法讓對方感受到被愛與被尊重；而最後一類反應則是不接納對方的情緒，也容易讓對方覺得你不瞭解他。

這些高危險反應對二人親密感的促進一點好處也沒有，也是我們在人際溝通時需要小心避免的。

學習建設性吵架

這次的團體，筱萍說著她的婚姻故事。筱萍和維凱自從婚後，二人爭吵越來越頻繁、越來越凶。導致他們爭吵的原因是什麼呢？

很多很多，小至地板該誰拖、垃圾誰要倒，要不要在家做飯或上館子，大至年節時應該什麼時候回婆家、什麼時候回娘家等等，好像沒有什麼是不能吵的。

仔細觀察他們的爭吵內容與爭吵過程，會發現，他們二人在吵架時，幾乎是「各自表述」，雙方都只顧著講自己想講的話，而不管對方是否有聽懂、對方的感受；此外，二人的戰火升高，往往發生在有一方開始對對方做人身攻擊，甚至攻擊對方的家人時，被攻擊的一方往往會感到盛怒而反擊，於是，戰火越來越猛烈。

還有還有，筱萍和維凱也常常在吵架時，開始翻舊帳，筱萍抱怨維凱去年母親節的時候沒有跟筱萍一起回娘家慶祝；維凱也不甘示弱，抱怨筱萍上次過年時包給公婆的紅包實在太寒酸。於是，越吵，焦點越模糊了，吵到後來，二人已經記不清楚最開始為何吵架，只留下一個印象，「我們二人不合」……。

維凱和筱萍的例子，恐怕也是許多夫妻關係的寫照。二個關係密切的愛人、家人，吵架、衝突是難以避免的，學習建設性的吵架是親密關係中的重要功課。那麼，親密關係中如何處理衝突呢？

如何建設性的吵架？

關係越密切的人，在心理上或生活上的相互依賴程度越高，就越容易產生摩擦與衝突。因此，重點不在完全避免衝突爭吵，而是要學習如何有建設性的吵，透過雙方的衝突而增進彼此的瞭解與親密感，當然，這是有技巧的，也是需要學習的。

筱萍和維凱爭吵了好一陣子，吵到甚至考慮是否該離婚。但是，講到「離婚」，筱萍卻步了。筱萍想起了鄉下的娘家父母，如果自己離婚了，他們會多麼的傷心？街坊鄰居會怎麼議論？孩子要怎麼辦？

當初，不知所措的筱萍向姊妹淘小美訴苦，小美跟筱萍分享了自己最近報名參加的課程：親密關係成長團體。筱萍在小美的鼓勵下，一起報名了這個由我所帶領的成長團體。筱萍心想，好希望維凱可以和自己一起上這個課程，但是維凱一點意願也沒有，一直推託自己忙、沒時間，甚至貶抑這類課程，「上這種課會有什麼用？」

無奈的筱萍只好自己來上課。在成長團體中，許多團體伙伴分享了他們的婚姻故事，在婚姻關係中的衝突故事，內心的苦，所遭遇的困境，而其他成員也會給予分享者支持、鼓勵，並且分享一些成功經驗。

在團體課程中，我提出了夫妻在爭吵時的「沈默是金」法則與「三不原則」。

生氣無好話，盛怒下沈默是金

吵架時、生氣時大概很難說得出好話，更常見的狀況是，往往會在盛怒下口不擇言，說出傷害人、又讓自己事後後悔不已的話，因此，我們都要學會管理自己的情緒，學習在生氣時冷靜，沒有把握可以說出有助於問題解決或促進關係的話，那麼寧可選擇先閉嘴，「沈默是金」在此時是金科玉律。如何讓自己做到「沈默是金」呢？

有個小秘訣，就是[註1]「一吸、二離、三好玩、第四回來再溝通」，先深呼吸，讓自己離開衝突的現場，去做自己喜歡做的事或好玩的事，這麼一來，也就讓自己情緒冷靜下來了，等自己冷靜下來，恢復理智，再回來和對方好好溝通。這麼做，可以避免盛怒下口出惡言的憾事喔！當然，在溝通前不僅自己的身心狀況要調整好，也要尊重對方的步調與速度，若對方還沒準備好要溝通，先不要勉強，以免帶來更多負向的情緒；同時告訴自己，不要太快放棄溝通。

「三不」原則

夫妻在爭吵時千萬要遵守「三不」原則：不要翻舊帳，不做人身攻擊、不批評對方家人。翻舊帳、人身攻擊、批評對方家人，是婚姻關係中的毒藥，不僅會引發對方的不悅，更容易引發防衛。被批評的人，為了保護自己的尊嚴、維護自己的家人，便會反擊，於是，二人的爭吵便容易失了焦，越吵越激烈，對二人的關係一點好處也沒有。有人形容，翻舊帳、人身攻擊、批評對方家人，就像斧頭砍在樹幹上，必然留下無法抹滅的傷痕。

聽了我的講解，筱萍才瞭解，自己和維凱為何老是爭吵不休，而且越吵越激烈。原來，自己和維凱都犯了上述的錯誤。是的，每次二人有不同意見時，好強的筱萍總是要爭出個高低，一定要維凱認錯，而且，往往自己會在憤怒下，就開始數落維凱以前所犯的錯誤，還有他的父母家人的不是。

筱萍終於瞭解自己的問題何在。回家後，便開始努力改變自己，每當二人要爭吵時，筱萍便謹我在團體中所教導的秘訣「一吸、二離、三好玩、第四回來再溝通」，並且提醒自己「三不原則」。

註一：吳娟瑜（1997）《吳娟瑜的情緒管理學》里仁書局。

衝突，也是瞭解彼此的機會

上過親密關係成長課程後，筱萍有很大的學習與成長。在和維凱的婚姻關係中，雖然目前還沒有完全改善二人關係，但是，現在至少當二人意見不同時，筱萍努力的提醒自己上次課程中，我所教導的「沈默是金」以及「三不原則」，努力克制自己的嘴巴，不要再講出傷害關係的話。

筱萍帶著期待的心情，再度來到親密關係成長課程，和伙伴們分享自己這一週來和維凱相處的狀況。筱萍雖然已經學會在意見不合時克制自己的衝動情緒，但是，要如何化解衝突？要如何和維凱好好「溝通」？

筱萍心裡還是有許多的疑惑。在這堂課，我提出了處理婚姻衝突的另二項重要的原則：「瞭解並學習欣賞彼此的差異」，以及「將衝突當作促進彼此瞭解的良機」。

瞭解並學習欣賞彼此的差異

夫妻二人來自不同的家庭、不同的成長經驗、不同的個性特質，彼此的溝通方式、價值觀、雙方對表達親密及感受親密的方式以及對親密的需求量等等必然會有所差異。瞭解差異，才能減少因誤解、不瞭解而引發的衝突。

在瞭解之後，接著要學習的是接納與欣賞彼此的差異。將雙方的差異視為祝福，這些差異是用來彌補自己人格中尚未發展的那個面向的，例如，一個內向的人，他的伴侶很外向，這個差異其實正是幫助內向的人能夠發展出外向的那一面，也幫助外向的那一方能夠發展出內省的那一面的好機會。

婚姻關係中的衝突、不愉快，若仔細觀察會發現，衝突的原因恐怕不是因為差異太大，而是「自我中心」與「控制慾」，要求對方合乎我的意思、配合我。衝突正是提醒自己，我需要改變。學習欣賞差異才能使自己成長，成為更成熟、更懂得付出愛的人。

也唯有接納與欣賞差異，才是真愛。

將衝突當作促進彼此瞭解的良機

親密關係中，人們常有的幻想是「我不說，對方也知道我要什麼」，以及期待對方先改變。然而這二個幻想常常幻滅。若你不說，對方怎麼會知道你要什麼呢？

若二人都期待對方先改變，最後關係恐怕會陷入僵局。衝突，則正是相互瞭解的機會。在衝突發生時，必須先冷靜下來思考，我的需求？我想要的是什麼？除了將自己的需求與渴望讓對方瞭解，也要瞭解對方的需求？對方想要的是什麼？這樣則有助於彼此的瞭解。

衝突，並不可怕，不用害怕去面對；可怕的是固執的堅持「我是對的、你是錯的」，以及情緒化的處理衝突。只要能夠學會好的情緒管理，學習直接溝通，並且保持心境的柔軟與彈性，不要吝嗇說一句「對不起」，衝突，可以成為促進彼此瞭解與親密感的關係潤滑劑喔！

聽完我的解說，筱萍心中若有所悟，是的，以前每次和維凱吵架時，筱萍總是認為自己是對的，維凱是錯的，但是現在仔細想想，其實，只是二人有所差異罷了，二人看待事情的角度不同。

例如，對於過年要給公婆多少紅包，筱萍擔心的是家庭收支能否平衡，而希望可以少給一點；但是維凱著重的卻是過年不過一年一次，希望給老人家多一點讓老人家高興。筱萍笑了起來，是啊！當初會愛上維凱，不就是因為維凱的孝順、老實嗎？怎麼現在維凱想要表達孝心，自己卻不高興了呢？以前，二人忙著吵架、忙著爭個「我是你非」，反而沒有機會彼此說說彼此的想法與關注、考量的是什麼。

筱萍心裡開始盤算著，待會兒回到家，要怎麼和維凱「溝通」，希望可以促進二人更加瞭解彼此。筱萍希望自己可以把成長團體中所學到的，好好運用在婚姻關係上，幫助自己有更美好的婚姻。

開始溝通，你準備好了嗎？

筱萍帶著雀躍的心情回到家，希望可以將親密關係成長團體中學得的，好好的運用在改善和維凱的關係上。回到家，筱萍想要和維凱溝通，想要和他談談過年紅包問題，想要瞭解他的想法，也希望維凱知道自己的想法。

但是沒想到，自己與沖沖的回到家要和維凱溝通，但一回到家，維凱卻在電腦上忙著公司的工作，自己想跟維凱好好說說話，好好溝通，維凱卻不高興的要筱萍不要吵他。筱萍忍不住的生氣了，開始指責維凱：「我想要好好和你溝通，你卻拒人於千里之外。」維凱也忍不住發起飆來了，「你沒看到我在忙嗎？我明天就要跟客戶做簡報，妳還來煩我？妳煩不煩啊？！」……當然，二人並沒有能好好的溝通。

委屈的筱萍，帶著這次的挫敗經驗來到成長團體，對於自己怎麼已經上了幾堂課了，但卻還是無法和維凱好好溝通感到挫折、失望與懷疑。團體成員給予支持、溫暖，也與筱萍分享，要改善夫妻關係，要學習新的溝通方式，是需要時間的，慢慢來、不要急。同時，我也告訴大家，溝通的原則與技巧。

溝通前的準備

要有好的溝通，是需要先準備的。這些準備包括心理準備，以及物理空間的準備。

在心理準備方面，好的溝通是需要心理專注與生理專注的，因此，溝通前最好讓雙方都有時間做心理準備，將其他的事務排開，才能好好的、專心的溝通。

以筱萍和維凱的例子來說，維凱因為正在忙著準備公司的簡報，當時的他，並沒有心思好好的和筱萍溝通。因此，比較好的做法是，筱萍邀請維凱，想要和維凱約個彼此都方便的時間，好好談談，這樣，成功溝通的機會便會提升許多。

至於物理空間的準備方面，溝通前，為二人準備一個舒適、適合溝通的空間，包括：安排一個燈光美、氣氛佳、溫度與濕度適中舒適、又不會被打擾的地方，讓彼此的心情可以放鬆、平靜，這樣，也會提高溝通的成功機會喔！

溝通技巧是需要學習的

每每二人意見不同時，旁人總是很快的給建議，「你們要溝通啊！」但問題是，不懂得溝通技巧，往往造成「有溝沒有通」的後果。學習溝通技巧，是親密關係與人際相處的重要功課之一。

要如何溝通呢？溝通涉及對話的雙方，在每段對話，總是有一方「說」，而另一方「聽」。我們要學習溝通技巧，當然得要學習如何說，也必須學習如何聽。可能會有人感到疑惑，我從小就學會說話，當然也會聽話啊！

為什麼還需要學習說與聽呢？但我們仔細回想，在親密關係中，每當「有溝無法通」的狀況發生時，往往是說話的人顧著說自己想說的，而不管對方的感受、對方是否聽懂。

這樣，當然也就是「有溝無法通」了。在「說」的部分，一個重要的技巧是「我訊息」；至於「聽」方面，則是要謹守「聽到、聽完、聽懂」三聽原則。

善用「我訊息」

「說話」的一個重要的技巧，我們稱之為「我訊息」（I message）。「我訊息」的溝通顧名思義，就是以「我」作為溝通的開始。

在人際衝突中，我們往往很容易、很快的指責對方，「你怎麼可以這樣？」、「你為什麼…？」、「你怎麼搞的？」，這種以「你」作為開頭的說話方式，很容易引起對方的不舒服與防衛，於是被指責的一方即使原本心裡有所愧疚想要為自己的行為道歉，但為了保護自己，很自然的必須為自己辯解，甚至惱羞成怒，溝通不成反而吵起架來了。「我訊息」的溝通則可以避免不必要的人際防衛，達成溝通的目的。

「我訊息」的溝通要怎麼做呢？首先，可以先客觀地描述情境、行為及事件；接著表達情緒，再提出意見或期待，讓對方知道你的意圖，並討論日後如何避免同樣情況一再發生。例如，你與情人約好時間要看電影，但對方卻遲到一小時，當對方到達時，你可以先說：「我等你好久了，你的手機又沒開機（描述事件），我好擔心你是不是發生了什麼事？也覺得生氣（表達情緒）。我想知道是怎麼了？（提出意見）或我希望你道歉（提出期待）。下次如果我們其中一個人臨時有事，趕不及約會時間，要想辦法讓對方知道（討論日後的作法）。」

謹守「聽到、聽完、聽懂」三聽原則

至於「聽」，同等的重要，不懂得「聽」的人，往往會讓說話者感到挫折，覺得「鴨子聽雷」或「對牛彈琴」。善於聽，不僅可以聽出說話者的主要意思，也可以聽出對方的情緒和需求，以及事件對對方的重要性與意義。

要如何「聽」呢？

首先，必須靜下心來，不急著表達自己，而是願意先聽再說。同時也要確實做到「聽到」、「聽完」、「聽懂」，這樣，對方能夠感受到你對他的尊重與瞭解，自然情緒能夠平靜下來，並促進雙方關係。要能夠真的「聽到」、「聽完」、「聽懂」，必須要能夠做到「積極傾聽」，所謂「積極傾聽」包括生理專注與心理專注。

生理專注是指在傾聽時，身體適度地向前傾，以及適當的眼神接觸；而心理專注則是指，不僅要用「耳朵」聽，更要用「心」傾聽，聽出對方真正的意思和情緒；接著，在「聽到」、「聽完」、「聽懂」之後，能夠給予回應，表達對對方的意思與情緒的瞭解。

聽完我的解說，筱萍瞭解自己和維凱溝通失敗的原因是什麼了。筱萍心想，好，我回去再試試，先和維凱約個雙方都方便的時間，找個舒適、可以讓人感到放鬆，又不會被打擾的地方。

想到這裡，筱萍輕輕的笑了起來，結婚前，和維凱約會時，不都是這樣嗎？在舒適、安靜、浪漫的咖啡廳，或是在秋高氣爽的時刻，二人並肩坐在草地上，那時，二人無話不談，甜蜜的回憶頓時被喚起了。當初二人戀愛時的浪漫回憶與感覺，一點一滴的回來了……。

聰明抱怨，有訣竅

曉娟問，「難道就不能抱怨嗎？有時候夫妻相處，真的有些事情會很看不慣耶！如果不把抱怨說出來，自己心裡會很難受，反而會不想理對方，這樣不是對關係更不好嗎？」

其他成員也紛紛點頭贊同，對啊！如果心中有所不滿，不說出來更難受！曉娟又說：「但是，我抱怨了，我們二人卻吵起來了，最常見的結局是，我老公大為就甩門而去，讓我更生氣！」

是的，我們在親密關係中難免有意見不同、摩擦的時候，尤其關係越密切的人，發生摩擦的機會也會越高。當然不是不能抱怨，而是，我們要學習聰明抱怨的秘訣。

聰明抱怨的「三不策略」

首先，想要聰明的抱怨有個「三不策略」。這「三不」就是：不要以偏蓋全、不要批評對方的性格缺陷或為對方貼上負面標籤、也不要連珠砲式的碎念。

例如：上述案例中，曉娟最受不了老公大為回到家襪子脫了後走到哪兒就丟到哪兒，客廳、餐桌旁、臥房都有大為的髒襪子，大為就是不把髒襪子放在洗衣機旁放髒襪子的籃子裡。

曉娟受不了了會跟大為抱怨：「你怎麼老是把髒襪子亂丟！我又不是你家的老媽子，我們家又不是只有你在上班，我也要上班耶！我也很累耶！幹嘛總是要幫你撿髒襪子。你真的很邋遢耶！你也很不負責任耶！總是記不得東西要放哪裡！講幾次了老是講不聽，比你兒子還不如！」這樣一長串的抱怨，結果是什麼呢？

有幾個典型的結果：大為惱羞成怒，甩門而去，然後，隔天繼續把襪子亂丟。或者大為躲進自己的房間上網，對曉娟的抱怨充耳不聞，當然，臭襪子一樣到處散佈。

曉娟的抱怨有什麼問題呢？

曉娟犯了三個主要的問題，就是「以偏蓋全」、「批評對方性格缺陷」、以及「連珠砲式的碎念」。以偏蓋全就是「你總是⋯」、「你從不⋯」之類的語言；這類的語言很容易引發對方的防衛，想要反駁「我哪有每次」、「我哪有總是」、「你太誇張了」之類的辯駁。當然，如此一來焦點便模糊了，從抱怨大為的亂丟襪子行為，轉移到曉娟誇張的指責上，這樣二人便無法有好的溝通。

第二個問題，曉娟所說的「你真的很邋遢」、「你很不負責任」這類的語言，就是「批評對方性格缺陷」，或說是為對方貼上負面標籤。這樣的語言更容易引發對方的防衛，大為可能會為了保護自己的面子，也開始反擊，批評曉娟「老是愛大驚小怪」、「只不過是襪子而已有什麼嚴重的」。

如此，不僅溝通的焦點模糊了，更可能演變成相互人身攻擊，爭吵越演越烈。或者大為沒有反擊，靜靜的避開了，但是，被批評還是很不舒服，大為對曉娟心裡感到不滿，可能更不想要配合曉娟把髒襪子放好。

第三個問題，連珠砲式的碎念也常常讓人受不了，最後乾脆把耳朵關起來，被碎念的大為覺得很煩，抱怨的曉娟則更加生氣。這三種方式，是無法達到抱怨真正想要的目的的。要記得，抱怨的目的是想要影響對方，希望對方可以改善行為，曉娟所犯的這三個問題，讓大為惱羞成怒，不僅很難改善其行為，也會傷害夫妻的感情。

在衝突中有建設性地表達自己的立場

人際之間難免會有意見不同、摩擦的時候，要如何在衝突中有建設性地表達自己的立場呢？曉娟要如何做才是聰明的抱怨呢？

曉娟可以把焦點放在一個特定問題，例如對方某個明確的行為上，指出她的需要，而不要攻擊或責怪對方，例如：曉娟可以說「老公，我希望你可以回到家把髒襪子放在洗衣機旁邊的洗衣籃，這樣我就不用到處收髒襪子了。」或者當大為又把髒襪子丟在客廳，曉娟可以心平氣和的請大為把髒襪子放到該放的位置。

其次，運用前一章所談的「我訊息」來表達，不要過度推論，或者把自己的感受放大為「絕對真理」。

例如：「你不把髒襪子放在該放的地方就是不愛我、不重視我們的家庭。」這樣的語言就是過度推論。當然，曉娟可以表達自己的感受，例如說「你沒有把髒襪子放在該放的地方，讓我覺得你好像不在意我們家的整潔。我希望你可以和我一起維護我們家的整潔，把髒襪子放在該放的地方。」

曉娟聽了，說道：「喔！我懂了，難怪每次我跟大為抱怨，他會惱羞成怒、不理我。嗯！我要回家練習聰明抱怨的技巧。」

第四篇 別忘了，幫婚姻加點兒糖

我們在瞭解了夫妻溝通技巧後，也還需要學習，如何經營婚姻親密關係。

本篇，將提供有助於婚姻關係的具體策略與相關案例，幫婚姻加點兒糖，讓二人關係可以甜甜蜜蜜的小秘訣。

讓你的婚姻，多點兒浪漫

筱萍喜孜孜的來到成長團體教室。大家一看到筱萍，忍不住驚呼，「哇！發生了什麼好事？妳整個神色變亮了！」筱萍喜悅又害羞的說，上週團體課程結束後，和老公維凱展開了一次很不錯的溝通。

其他成員很為筱萍高興，也迫不及待的想聽筱萍的經驗分享。

筱萍害羞的說，上週上完課，她想起結婚前和維凱約會、無所不談的甜蜜時光。她帶著緊張，又有些期待的心情回家，運用上週老師所講的原則與方法，和維凱約一個二人都方便的時間，利用小孩都到爺爺奶奶家的時候，二人在放鬆的氣氛下開誠布公地談談之前的衝突。

這次，筱萍運用上次團體中所學到的「我訊息」，先表達自己的感受，並且仔細聆聽維凱的心情。就這樣，二人便和好了。

另一位團體成員則是順著這個話題，進一步詢問，「要如何創造婚姻中的浪漫、增進夫妻親密感情？」這真是個好問題。

情感連結是維繫親密感的關鍵

過去有心理學家認為，增進親密感的方法是「自我揭露」，亦即分享自己的訊息，二人對話的深度與親密度；但是近年來有心理學者研究發現，增進夫妻親密感的元素不是「自我揭露」的「內容」，而是這些夫妻注意對方的方式，亦即互動的「過程」。

我們都渴望另一半願意，且能夠理解、關心我們的感受。心理學者高特曼[註1]（Gottman, 2001）研究發現，最能預測夫妻之間關係品質的關鍵因素在於二人互動時的「邀請」（bid）與回應的模式。

「邀請」是指以一個問題、動作、眼神、碰觸，以表達「我想與你產生連結」的任何舉動，包括口語邀請，與非口語邀請。例如：某個週末的上午，太太問先生，「老公，今天天氣真好，我們出去走走好嗎？」這樣的邀請便是明確、清楚的口語邀請。至於非口語邀請，包括擁抱、輕輕拍對方肩膀、握手、微笑、扮鬼臉、飛吻、打鬧、搔癢⋯等等。

例如：先生坐在電腦桌前上網，太太從先生的背後環抱住他，這便是一個非口語的邀請，太太表達想要與先生有所連結的舉動。

至於「回應」，則是「他人渴望發生情緒連結」時，自己的正面或負面回答。例如，當太太跟先生說，「老公，今天天氣真好，我們出去走走好嗎？」若先生回應，「好啊！我們去陽明山走走好了！」這便是一個正面的回應。而當太太環抱住正在上網的先生，先生伸出手，握住太太的手，或轉過頭親吻太太，這也是正面的回應。相反的，如果先生回應「拜託，上班一個禮拜累死了，還要出門？！」或者當太太環抱住先生時，先生回應「走開啦！沒看到我在忙啊！」這樣的回應便是負面回應。

可想而知，獲得正面回應的太太較能夠感受到先生對自己的接納，也較可能建立深層的情緒連結。而得到負面回應的太太，可能會感到憤怒、不快，甚至引發衝突。此時，您一定疑惑：當面對對方的邀請，一定要答應嗎？萬一自己當時正有緊急的事情需要處理，無法和伴侶出去走走，怎麼辦？是的，當伴侶提出邀請，自己因為其他考量，而無法接受這個邀約，但又很希望給出正面的回應，怎麼辦呢？

例如，上述例子中，太太邀請先生出去外面走走，先生可以回應，「對啊！天氣真好真適合出去走走。可是我得要趕明天開會要做的簡報耶！」然後和太太商量，是太太帶著小孩出門走走，或者太太可以給先生幾小時時間工作，下午再出門，或者有其他替代方式。這樣的回應，雖然不是直接接受對方的邀約，但仍舊是正面回應。

什麼是「夠好的伴侶」

有位成員提出疑問：有時候自己真的很忙，忙著照顧小孩、做家事，尤其是二個小孩吵架哭鬧時，自己更是容易被弄得心煩氣躁。這時候，如果老公又來邀請，說：「老婆，過來陪我看影片嘛！」雖然知道「應該」要正面回應老公的邀請，但是實在是因為太忙了，老公的邀請反而讓自己更加煩躁，也就無法好好的正面回應老公。怎麼辦呢？

是的。沒有人可以隨時隨地都以接納的態度來回應對方的邀請，即使是婚姻幸福的夫妻。我們的時間、精力總是有限，如果要對所愛的人付出所有的注意力，可能會把人逼瘋。即使是對自己的子女也是一樣。有位精神分析學者溫尼考特（Winnicott）便提出「夠好的母親」（good enough）的概念。

亦即，沒有人可以成為「完美的母親」，在子女滿一歲之後，還能持續不斷的對子女付出全部的注意力；我們只需要成為「夠好的母親」就好。這個概念也適用於伴侶關係：沒有人可以成為「完美的伴侶」，只需要成為「夠好的伴侶」。事實上，在Gottman的研究中發現，即使是婚姻關係穩定的丈夫也有十九%的時間會忽視太太的邀請；有快樂婚姻的妻子則有十四%的時間無法回應丈夫的邀請。看完這篇的讀者，可以給自己一個小記錄：「觀察自己對伴侶的邀請與回應。」相信會對倆人關係有幫助。

註一：Gottman, J.M & Declaire ,Jo(2001)：The relationship cure-A five-step guide for building better connections with family, friends, and lovers.
徐憑譯(2004)：關係療癒。
台北張老師出版社。

邀請另一半時，有技巧

大家帶著期待的心情來到成長團體教室，紛紛問，「你作業做得怎樣？」大夥兒迫不及待想要說說自己的經驗與聽聽別人的經驗。

靜香提出來，她常常邀請老公大雄，但大雄卻是不理會她。這讓靜香很痛苦，不知道該怎麼辦。

大夥兒開始詢問靜香相關細節，例如：她是怎麼邀請大雄的？在什麼樣的情境下？大雄的回應是什麼？

靜香說，她就問大雄，「我們好久沒有旅行，來安排一趟旅行吧！」大雄便說，「好啊！找我爸媽一起去。」靜香當下好失望，她其實是想要和大雄來趟二度蜜月，希望二人的情感可以增溫，可以回復到婚前談戀愛時的甜蜜時光，誰知道大雄竟然不解風情，還說要帶公婆一起去旅行。

其他成員也附和著，對啊！帶公婆一起出門旅行，哪有什麼浪漫可言啊！大雄真是太糟糕了，怎麼這麼不體貼呢？！然而，真的是大雄不體貼嗎？還是靜香的訊息不夠明確呢？

迂迴的邀請

靜香的邀請是一種迂迴的邀請。如果靜香跟大雄說，「老公，我們來一趟二度蜜月旅行好不好？」這便是直接、清楚的邀請。但靜香只和大雄說「來安排一趟旅行吧！」便可能導致受邀請的一方以為是要安排一趟家庭旅遊。

探究人們會以迂迴的方式提出邀請的原因，可能是為了避免被拒絕時，會感到情緒受傷；也可能是只是無心的溝通不良，用字遣辭不明確。當然，採用迂迴邀請方式也可能具有文化意義，在某些文化中並不鼓勵清楚明白的邀請或請求，如，傳統的華人文化便鼓勵「含蓄」。

其實，在上述例子中，大雄並不是對靜香的邀請相應不理，而是靜香的邀請不夠明確，導致大雄誤會。對靜香來說，她要學習的功課便是清楚直接的邀請，否則，大雄沒聽出靜香的「弦外之音」，只是徒增靜香的失望，甚至可能生悶氣，而大雄還不明所以呢！

負面邀請

另外，還有一種常見的迂迴邀請，便是負面邀請。

曉娟也提出她的困擾，前幾天大為晚上參加公司的應酬，弄到很晚才回家，而且還滿身的煙味、酒味，曉娟說，自己很心疼大為，也擔心大為常常這麼晚回家會搞壞身體。這天，大為帶著酒意以及疲憊的身體回到家，曉娟忍不住念了他二句：「你還知道回家啊！你知不知道現在幾點了？」誰知道，大為聽了後開始發飆，二人又開始爭吵……。

曉娟的這個例子，就是負面邀請。明明曉娟是關心與擔心大為，但她所使用的語言卻是指責、抱怨、批評，這不僅讓疲憊的大為感到生氣，即使原來大為對於晚歸、讓曉娟擔心有些歉意，但這些歉意也會被曉娟的指責、批評淹沒，最後成為爭吵。

有些人習慣使用負面邀請，如上述的指責、抱怨、批評，或者自怨自艾、憤怒、恐懼等。例如：太太跟先生抱怨，「隔壁家的王先生情人節都帶他太太上餐廳吃飯，哪像你，一點表示也沒有！」但這樣的邀請方式，往往對方難以聽懂，或較難接受，甚至引發對方的憤怒、反擊。

曉娟現在要學習的，便是對大為直接表達自己的關心與擔心，減少負面邀請。例如：曉娟可以在大為回到家時，先關心大為，如果大為當時的狀況不會太疲累、或者沒有酒意，或許可以直接表達「老公，你這麼晚回來，我很擔心你，也很關心你的健康。」如果大為很疲憊，或酒意甚濃，神智不清時不是個好的談話時機，此時，最好先讓二人都好好休息，等二人精神狀況好、情緒穩定時，再來好好談談這個問題。

靜香問道，可是有時候就真的很生氣啊！如果是大雄這樣應酬到這麼晚才回家，身為太太的自己一定也會生氣啊！

生氣的時候，怎麼還講得出好聽話呢？！其他團體伙伴們也紛紛附和，是啊！我們也會有情緒啊！看到老公這樣常常晚歸，老婆怎麼可能有好心情呢？！是的，看到老公這樣，老婆心情不好、生氣是完全可以理解的。要好好的處理二人的關係、增進親密感，處理自己的情緒是必要的。

不過，記得嗎？「吵架無好話」的原則，當你在生氣下所說出來的話，無助於改善關係或解決問題，那麼寧可先閉嘴，此時，就可以運用之前講過的「一吸、二離、三好玩，第四回來再溝通」的原則。

讓你的「感情銀行」存款更多！

團體中的男性成員，建華分享他與太太欣芳的一個經驗。欣芳最近生了一個胖娃娃，新生兒才三個月。

他們還有一個較大的孩子，剛滿二歲。最近，建華感覺到一種失落感，覺得太太把所有的心力、精神都放在二個孩子身上，自己被太太忽略了，也因為太太忙著照顧小孩，他們已經好一段時間沒有性生活。

這讓建華很煩躁。建華決定鼓起勇氣跟欣芳好好談談這個問題，並且運用成長團體課程中所教的「正面邀請」與「我訊息」方式。

建華跟欣芳說：「老婆，我有話要說。你好一段時間都忙著照顧小孩，我們都沒有機會好好獨處，我覺得被忽略了。我好想念以前我們獨處的美好時光。我們可不可以來個約會？」

大夥兒非常好奇接下來的發展，紛紛急著問：「後來呢？欣芳的反應呢？」建華沮喪的說，欣芳氣壞了，她說：「你以為我很閒嗎？一個嬰兒黏著我，一個小孩在我旁邊到處爬來爬去，我得要同時盯著這二個孩子，我都要分身乏術了，然後你說我忽略你。你說我要怎麼辦？！你也要幫忙啊！」

團體其他女性伙伴們紛紛同理欣芳，「如果是我欣芳我也會受不了。要同時照顧新生兒和學步兒是很辛苦的，壓力很大，幾乎沒有任何一點自己的時間。」其他成員也紛紛附和。

建華聽了，便問，「那我現在該怎麼辦呢？」一位女性成員說：「如果我是欣芳，我會很需要你幫忙一起照顧小孩。我記得我在生了老二後，也跟欣芳一樣手忙腳亂，那時候如果有人可以幫忙照顧老大，讓我有機會單獨和老二相處、休息，我會很感謝。」建華聽了，若有所悟。

在團體中練習親密關係的經營

我看著這群可愛的團體成員們，感到開心。這群人，能夠運用團體中所學的原則與技巧，並且彼此關心，給予真誠的回饋，也能夠彼此分享類似經驗並提供幫助。這是一個很棒的成長團體！

其實，在團體中，這些伙伴們便已經在練習「親密關係經營」的功課，親密關係的經營，真諦不就是彼此關心、彼此幫助嗎？

下一週，大夥兒迫不及待的想知道建華回去之後怎麼做。建華分享，他和自己的媽媽商量，一個禮拜有二天的白天到家裡來幫忙照顧小孩，讓欣芳有機會稍稍喘息一下，建華則是每天下班就帶著二歲的兒子出去，到公園、麥當勞、動物園⋯，讓欣芳可以和新生兒單獨在一起。

欣芳說，這正是她現在最需要的，這也是從老二出生以來，她稍稍能夠感到放鬆的時刻。建華看到欣芳似乎心情比較開心、比較放鬆，也跟著感到開心。

幾週後，建華告訴大家，欣芳前幾天告訴建華：「你上次說你想要約會，我們要怎麼做呢？」於是，二人開始討論可以怎麼安排二人的約會。大夥兒興奮的追問建華，你們怎麼安排啊？建華有點兒害羞的說，他們週末把二個小孩托給孩子的爺爺奶奶照顧，然後，二人有一個很棒的約會⋯。

檢視「感情銀行」的存款

人際溝通與互動是很微妙而複雜的，我所教導的這些溝通原則、技巧，只是大方向，有太多因素影響溝通與互動，所以實際運用還需要視當時的脈絡、情境而定。

在上述案例中，建華採用「正面邀請」與「我訊息」方式表達自己的感受，並且正面、直接邀請太太來場單獨的約會，這是個好的開始。但太太也有自己的情緒和需求，在當時無法接受建華的邀請，而採取抗拒的方式回應，並且要求建華幫忙一起照顧小孩。

建華與欣芳過去在他們二人之間的「感情銀行」應該是「存款」不少，亦即二人長期以來彼此能夠以接納的回應方式對待對方。這些「存款」讓他們可以真誠的表達自己的感受，並能共商解決困境的方法。

雖然在剛開始欣芳因為忙著照顧二位稚子而採取抗拒的方式回應建華的邀請，建華能夠體諒與體貼太太照顧新生兒與學步兒的辛苦與壓力，負擔部分照顧孩子的責任，讓欣芳的壓力稍稍舒緩，一段時間後，欣芳的育兒壓力稍減後，才有心力滿足建華的需求。

人與人之間都有一本隱形的「感情銀行存摺」，每次彼此的正面邀請與接納的回應，以及平常尊重、關懷的態度，都會在感情銀行裡放入存款，存款豐厚的夫妻，在面對危機時，才能夠有信心共同面對、度過危機。

用語言和行動，讓婚姻關係升溫

在團體中，建華分享了他與太太欣芳如何滿足二人需求的經驗，他們利用週末，將二位孩子托給孩子的外公外婆照顧，二人來一場很棒的約會。

這個話題又引發了大夥兒的興趣。結婚多年的夫妻，心情上已經不像婚前談戀愛或新婚時的樣子，幾乎忘了「浪漫約會」是什麼滋味，要如何「約會」呢？要如何創造婚姻中的浪漫氣氛呢？對於這個話題，團體中每位成員眼睛都亮了起來。

創造二人愛的語言

每對夫妻或每個人對於「浪漫」、「愛」的感受或定義不同。有些人可能在聽到稱讚、感激、鼓勵的「甜言蜜語」會感到浪漫與被愛；有些人會想要在有輕柔音樂的高檔餐廳享受燭光晚餐，感受到對方眼中的自己是「獨一無二」的感覺；但也有些人比較「務實」，當另一半為自己做某些「服務」，諸如按摩、照顧小孩、維修電腦、洗車、煮飯、洗衣等等，會感受到另一半對自己的愛意；也有人會喜歡二人身體的碰觸，擁抱、親吻、撫摸、做愛等等。因此，每對夫妻花些心思找出適合雙方的獨特「愛的語言」，對於二人情感的增溫會有幫助。

但要怎麼找出呢？當然，最直接、真誠的方式就是「問對方、聽對方」的需要，而不是自己揣測對方的需要。因為，自己揣測對方的需要，很可能這些揣測並不是對方真正需要的、想要的，這樣不僅無法「投其所好」，也可能讓自己走了冤枉路，對於夫妻間的情感增溫可能效果也會有限。當然，自己也有責任讓對方知道自己的喜好，而不要期待自己什麼都不說，對方就知道自己的需要。

談到此，靜香深有所感。靜香渴望二人可以單獨相處，在高檔餐廳享受燭光晚餐，享受被追求、被愛慕的感覺；但是大雄，卻是非常務實，幫忙維修電腦、保養汽車、洗車等等。靜香瞭解，對大雄來說，他為太太、為家庭所做的這些事務就是在表達愛意，但是這和靜香想要的感覺有段落差。

筱萍則接著說，維凱很愛幫筱萍買東西（如：衣服、飾品等等），雖然筱萍瞭解維凱是透過幫太太買東西來表達愛意，但是，維凱所買的東西卻往往不是筱萍需要的或想要的。已經和維凱說過了，但維凱還是堅持買他想買給太太的。這也讓筱萍很傷腦筋。

對靜香和筱萍而言，他們需要學習欣賞另一半為自己的付出，同時也讓對方瞭解自己的需要。然而，是不是自己的需要，對方「一定」要滿足呢？如果自己抱著「非這樣不可」、「你非滿足我不可」的心態，這便是一種執著，若這個需要是對方的限制，是對方無法滿足自己的，也只是徒增困擾。當然，大雄和維凱也有個功課，就是學習「投其所好」，認真傾聽另一半想要的、需要的。

滋養夫妻之愛的行動

我問所有成員們，有哪些行動可以滋養夫妻之愛呢？

雅惠首先提出「傾聽、陪伴」。雅惠分享，她的先生在大公司工作，壓力很大。每次她看到先生下班回家心情不好的樣子，她就會斟一壺酒，陪著先生在陽台喝酒，慢慢的傾聽先生訴苦，有時候，先生只是沈默、喝酒，雅惠也不急著催促先生說話，只是靜靜的陪著他。雅惠的溫柔陪伴、傾聽，讓他們夫妻感情維持得很好。

我們每個人都渴望被傾聽、被瞭解，也需要陪伴。在親密關係中的傾聽、陪伴非常有力量，可以幫助我們有勇氣面對生活中的各種挑戰。我們在受苦中需要被傾聽與陪伴，但在有好事時的陪伴與衷心的為對方高興也一樣重要。例如：對方完成一場令人滿意的商業簡報、升官、調薪等等，衷心的為對方高興、讚賞、慶祝，也是可以滋養夫妻之愛的重要行動喔！

安宣分享她與先生之間的「按摩券」。安宣分享，每年老公生日時，她送給老公的禮物就是三十張的「按摩券」，只要老公想要被按摩，就可以拿著按摩券給安宣，安宣就會幫老公按摩三十分鐘。這三十分鐘，安宣會先拿熱毛巾幫老公熱敷，然後慢慢的按摩他的全身。安宣說，這招，對於增進夫妻感情超有效的！

安宣與先生之間的「按摩券」正是一個身體接觸的行動。身體的接觸不一定是「做愛」，按摩、擁抱、親吻都是很好的愛的行動。

筱萍接著說，維凱還蠻有幽默感的。筱萍有壓力、緊張時，維凱會適時的運用幽默感幫助自己放鬆。例如：有次筱萍得要趕著一份文件交給客戶，時間很緊迫，於是請維凱開車帶自己去送件。在路上，筱萍非常緊張，神經緊繃，維凱蹦出一句話：「好，我現在要換檔為計程車模式，坐好囉！」筱萍一聽到這句「計程車模式」，不禁笑了出來，緊繃的神經也放鬆了許多。

是的。幽默是關係中的潤滑劑。幽默感可以讓人放鬆，也能夠作為表達愛意的工具，甚至是情感的修補工具。在日常生活中多運用幽默感，有助於感情的穩固。

接著建華分享，對太太欣芳或對家庭的付出，例如，幫忙做家事、照顧小孩等等，都會讓欣芳感到快樂。靜香則分享，自己為先生大雄的家人額外的付出，也有助於二人的感情。自己之所以願意為大為的家人額外付出，是基於愛屋及烏的心情，而這也讓大雄感激靜香。

靜香說，其實大雄對自己娘家的人也很好，二人相互的為對方家人付出，對於二人的感情很有幫助呢！

曉娟最後說，其實，雖然大為有時候不解風情，但是，他能夠支持曉娟追求自己的夢想，這其實讓曉娟很感動。例如，曉娟想要進修碩士班，在念碩士班的那段時間，幾乎都是大為默默的處理家務、照料小孩，讓曉娟可以安心的唸書。這些事，曉娟一直記在心裡，也很感激。

上述建華與靜香、曉娟所分享的「愛的行動」，有個共同之處：付出與支持。為家庭的勞務付出、對對方的原生家庭家人的額外付出，以及支持對方的夢想，都是在感情銀行中「存款」的行動。

最後，讀者可以自己為親愛的人製作一張愛的地圖。這是高特曼（Gottman, 2001）所提出的一種增進親密關係的練習，也就是訪談伴侶，他的喜好、夢想、恐懼、焦慮等等。這個作業，將有助於伴侶之間的相互瞭解。

找一個時間，了解你和他之間

繼上次團體中探討親密關係經營的具體方法，創造愛的語言，以及滋養夫妻之愛的行動後，今天大夥兒來到團體，充滿興奮與期待。上週的家庭作業是「製作愛的地圖」，伙伴們迫不及待的想要分享成果。

製作愛的地圖

這份愛的地圖，是提供親密的二個人彼此溝通、瞭解的機會。

我請成員邀請伴侶接受訪談，最好能夠約一個彼此都能放鬆、不受打擾、安靜舒適的時間與空間，來一場二人的親密對話、心靈之旅。訪談的題目包括：最喜歡的人、事、物（如：最喜歡的一道菜、最喜歡的電影、最崇拜的人、最要好的朋友、最喜歡的親戚、最喜歡的休閒活動、最喜歡的節日、最想去度假的地方⋯⋯）；最討厭的人、事、物；夢想

（如：中了樂透頭彩要如何運用這筆錢、理想的工作、理想的生活形態、藏在心中的抱負⋯）；生命經驗（如：最悲傷的經驗、最恐懼的經驗、最難忘的經驗、最快樂的經驗、最棒的度假經驗、面臨過最嚴重的問題⋯）。

目前的生活狀況（如：最近最有壓力的事、最得意的事、最倒楣的事⋯）；對二人關係的渴望（如：對方最想改變你的地方、妳可以做什麼來促進二人關係、會讓對方非常生氣的事、最喜歡我用何種方式引起你的注意、對方為自己感到驕傲的兩個理由⋯）。

這些題目，可以依照二人的互動而增刪。可以先訪談一方，訪談結束後再訪談另一方。或者二人輪流回答，或者彼此先猜測對方的答案，再澄清。

愛的地圖讓二人關係更親密

安宣首先分享，結婚多年，有了小孩後，現實生活的柴米油鹽醬醋茶讓婚前的浪漫消磨殆盡。透過分享過程，讓安宣與先生文隆更加確認彼此的相同點，與接納彼此的差異；而且，二人也重溫了婚前情話綿綿的感覺，更加瞭解另一半，二人並且約定，以後每週至少要來一次約會，一起散散步、牽牽手、或坐下來喝杯咖啡都很好。安宣很滿足的說，「進行愛的地圖作業對於增進夫妻關係效果顯著，因為，透過做完這個作業，我們的心更緊密，也更加珍惜彼此的愛。」

家慶則分享，他和太太晶晶利用孩子們都睡了的夜晚，二人秉燭夜談，二人彼此分享自己對婚前到婚後，有孩子前後的心情變化。家慶說，晶晶是個堅忍的女人，默默的支持家慶去追求事業上的成功，擔負起照顧孩子、照顧家庭的責任。

以前，家慶一直覺得這是理所當然的，一直到為了做「愛的地圖」作業，晶晶才道出，她雖然無怨無悔，但還是渴望家慶可以多關心她。晶晶也讓家慶知道，她要的不多，只要偶爾一起上餐廳享受兩人的獨處時光，就很滿足了。家慶也與晶晶約定二人的「愛的行動」，訂出每個月至少一次二人單獨的約會，讓二人愛情加溫。大夥兒聽了家慶的分享，不禁讚嘆，哇！真棒啊！

雅惠接著分享，自己和先生明凱很正式的約了時間一起做這個作業。二人相約在一個有著浪漫氣氛的咖啡廳，雅惠還特地盛裝打扮，化了淡妝，重新感受婚前約會的氣氛。雅惠說，透過這個訪談，不僅更瞭解彼此的喜好，而且還意外的談到了明凱深藏內心二十年的悲傷往事⋯⋯。雅惠發現，結婚十多年來，完全不曾如此深刻觸及明凱的內心深處，卻因為愛的地圖作業，二人內心緊密的交會，感覺二人更加親密。

曉娟說，她鼓起勇氣邀請大為接受訪問，很害怕被拒絕。還好，大為答應了。曉娟先從比較簡單、平凡的問題開始，如：最喜歡的一道菜、最喜歡的電影，慢慢的勾起了許多的回憶。曉娟一直認為大為是個不解風情的男人，沒想到，大為原來很在意曉娟，「和曉娟吵架」竟然被大為視為是「最嚴重的問題」。

而且，大為也第一次表達對曉娟的工作的尊敬，以及曉娟照顧家庭、照顧小孩的感謝。這個對談過程，澄清了許多曉娟對二人關係的的疑問，讓曉娟覺得好感動，原來，二人可以這麼靠近。

新婚的小美則說，她一直以為自己對先生阿德非常瞭解。但做了這個作業後，才發現原來自己對對方有許多的「誤解」，例如：以為阿德最愛的一道菜是蝦仁炒蛋，訪談後才發現，原來阿德以為小美最拿手、得意的料理是蝦仁炒蛋，為了捧太太的場，所以每次只要餐桌上出現這道菜，阿德一定吃得津津有味的樣子，但實際上，阿德更愛東坡肉。小美笑道，自己以前都用自己覺得最好的方式對待阿德，現在才發現，自己以為「最好的」方式，其實對阿德而言並不是最愛的。

原本對於二人的差異導致的衝突，讓小美對婚姻生活感到無奈，但現在，因為二人的真實想法與感受有機會澄清、表達，讓小美感到一種撥雲見日的感受，這變成了二人婚姻關係改變的契機，無奈的心情有了轉變，二人對彼此的親密關係的經營有更多的期待，以及願意共同努力。這讓小美感動與感恩不已。

筱萍也從這個作業中發現，原來以前和維凱會有這麼多衝突是因為二人的想法差異很大，可是自己卻沒有覺察，而常常生悶氣。做完這個作業，體會到，如果心裡有什麼結、不舒服，還是早一點好好問清楚，不要用自己的想法來論定對方，否則只是折磨自己，而對方還搞不清楚老婆為何生氣。

而且更棒的是，這個作業不僅讓彼此更加瞭解，也發現原來彼此都為了婚姻、為了對方做了許多調整，這都是基於愛，於是，二人對另一半的感謝及愛意就大大的增加了；以前堅持的許多原則、想法，導致二人的衝突，現在想想，其實都是不必要的。

聽著伙伴們的分享，我感受到大家在與親愛的人共同做這個愛的地圖過程中對彼此的興趣、想瞭解對方，以及濃密的愛意。原來，這麼一個作業，對增進親密關係可以有這麼好的效果。

欣賞、感恩＋深情注視，親密關係更上一層樓

在大夥兒分享「愛的地圖」美好的經驗後，靜香才悠悠的說出，自己好不容易連拐帶哄的邀請大雄一起做這個作業，但是大雄卻還是一樣不解風情，不願意配合這個練習，這讓靜香非常挫折。而且聽到其他伙伴做「愛的地圖」作業的成功經驗，更讓靜香感到難過。

的確，並非每個人都會願意與伴侶做「愛的地圖」練習。當你的伴侶因為某些因素拒絕做這個練習，那麼，比較積極想要增進夫妻感情的一方，可以怎麼做呢？

創造自己更多的正向情緒

後現代心理治療認為，小改變會帶來滾雪球的改變。在我的心理諮商實務經驗中也的

確發現，比較積極想要增進親密關係的一方在上過心理成長課程後，不論是參加成長團體，或者接受個人心理諮商，當自己有所改變後，另一方即使沒來上課，但很奇妙的是，往往也能有所改變。

這個道理其實是很可以理解的。我們常相處的人，如果看到的常常是一張笑臉迎人、快樂愉快的臉，他的心情也會跟著愉快、放鬆，對於關係當然會有幫助。但如果相反的，我們常看到的是一張憤怒、抱怨、不滿的臉，也會讓我們的心情隨之緊繃，甚至擔心動輒得咎，會忍不住需要防衛自己。

因此，比較積極想要改變或增進夫妻感情的一方，如果能夠放鬆，創造自己更多的正向情緒，即使伴侶不願參加成長團體，或者不願接受愛的地圖的練習，也一樣會有機會改善關係。

雅惠此時忍不住分享自己的經驗。雅惠說，自己多年前因為家庭、工作等多重壓力，情緒常常沮喪，也常常發怒，動不動的罵小孩、念老公，那個時候家庭氣氛非常低迷，自己和先生明凱在那段時間常常爭吵，衝突不斷，二人都感到痛苦。後來雅惠開始尋求個人的心理諮商，在心理諮商中，我協助她澄清憤怒情緒的根源，並學習處理憤怒、壓力、焦慮的健康方法。

接受心理諮商後，雅惠的情緒變得比較穩定，也較快樂。神奇的是，自己剛開始接受心理諮商時，老公明凱常冷嘲熱諷，笑雅惠：「妳去諮商會有什麼用？浪費時間、浪費金錢！」沒想到，到了後來，明凱竟然主動說要開車送雅惠去做諮商，因為明凱說，他明顯的感受到雅惠接受心理諮商後，變得快樂了，而夫妻關係，甚至親子關係也都改善了。

雅惠的這個經驗分享，讓靜香又對自己的婚姻燃起了希望。

欣賞與感恩

正向心理學家賽利格曼（Seligman）建議，讓自己快樂的策略之一便是來一趟「感恩之旅」（gratitude visit），亦即針對生命中某個「和善」的人寫下感恩文，並且朗誦出來。有研究顯示，經常表達對對方的感謝的夫妻，婚姻比較幸福、穩固。經常主動表達對伴侶的情意、感激、欣賞、愛慕，也會讓夫妻關係增溫。

沒有人會是完美情人、完美伴侶，若我們期待自己的伴侶可以滿足自己的所有需求，不僅不合理，也是徒增自己的挫折與困擾。

我很喜歡一個故事：老鷹教練教飛翔。一個飛禽學校，校長是貓頭鷹，想要找最擅長飛翔的老鷹來教導學生們飛翔。老鷹教練也非常的爽快答應了，來到這所學校教導麻雀、鸚鵡、鴿子⋯⋯各種飛禽學生飛翔。老鷹教練非常俐落明快的示範著鼓翼、滑翔、盤旋的各種技巧，所有的學生都非常專注的觀賞、學習，也很努力的練習，但是，不管怎樣，就是無法做到老鷹這麼快速又敏銳、精準的對準目標、這麼優美的飛翔。這群認真的學生，和老鷹教練都深感挫折。此時，貓頭鷹校長才恍然大悟：我們不可能讓麻雀、鸚鵡、鴿子變成老鷹。麻雀就是麻雀，鸚鵡就是鸚鵡，鴿子就是鴿子。

這個故事想傳達什麼訊息呢？

我認為，這個故事告訴我，尊重、接納與增加。我們尊重與接納麻雀、鸚鵡、鴿子各自的風格與特色；當然，我們還是可以在尊重與接納各自的風格與特色之下，也看看別人的優點、長處，並且增加自己更多的能力。就像是，靜香的先生大雄雖然不解風情，但是他非常務實，也透過實際的勞務、行動表達對靜香、對家庭的愛。

靜香聽了，露出若有所悟的神情。靜香說，原來如此，她一直期待大雄能夠是老鷹，但實際是大雄是鴿子，對大雄有這樣不合理的期待，難怪，自己不快樂，大雄也不快樂。

雅惠也分享，她的先生明凱也是標準的「理工男」，不懂得生活情趣，也不太會說甜言蜜語，不過，明凱卻是個負責的丈夫、愛家的父親。雅惠這麼多年來的心理成長，學會接納明凱的特色與限制，不過，也不放棄影響明凱，幫助明凱開發他情感的、溫柔的那一面。這麼多年下來，終於有些成果，現在，明凱比較懂得幽默，也會跟太太說些好聽話，和小孩開玩笑。雅惠問，「這是不是就是老師所說的『尊重、接納與增加』呢？」我說，是的，雅惠提供我們一個很好的範例。

接下來，讀者可以給自己另一項作業：「一趟欣賞與感恩之旅」。寫下對另一半的欣賞與感恩，要朗讀給另一半聽，並且還要加上「深情注視」。

乘著時光機，回到定情的那一年

上一周，我給成員們的家庭作業是：一趟欣賞與感恩之旅，要朗讀給另一半聽，並且還要加上「深情注視」。這週成員們一到團體室，便開始七嘴八舌的問大家進行的狀況。

曉娟首先分享，剛開始做這個作業時，要「深情注視」，感到很不自在，曉娟和老公大為頻頻笑場。

不過，曉娟心裡想著，老師說的，「忍住笑意，忍住剛開始的尷尬，繼續深情注視」，於是，告訴大為，這是老師給的家庭作業，一定要做，於是，曉娟開始認真的將對大為的欣賞與感恩念給大為聽，唸完了，曉娟看到大為臉上羞澀又高興的表情，二人開始靜靜的注視著對方。

曉娟說，慢慢的，她開始注意到大為鬢角的白髮，臉上的皺紋，但是，卻也回想起婚前談戀愛時的感覺，愛意油然而生。讓曉娟感到不可思議的是，大為竟然主動的說出對曉娟的欣賞與感恩。大夥兒對曉娟的分享感到興奮，也紛紛的分享著自己的作業成果……。

深情注視啟動愛的化學反應

心理學家發現，深情的注視會啟動愛的化學反應。Robert Epstein曾在課堂中做個實驗，讓原本不認識的學生兩兩配對，凝視對方的雙眼二分鐘，實驗結果發現，八十九%的學生表示，這項練習可以增加彼此親密的感覺[註1]。另外，上一篇已經談過，經常主動表達對另一半的愛意與感激之情，有助於夫妻關係增溫。當我們對對方表達欣賞、愛慕與感恩之情，若能加上深情注視，感情增溫效果便能加倍。

找出夫妻共享價值、創造家庭儀式

關係很密切的夫妻，意見不同、衝突在所難免。心理學家Gottman（2001）認為，如果我們在衝突中可以看見彼此的共享價值，將有助於人際間的情緒連結與衝突的化解，也可以使得二人的關係更加穩定。若夫妻可以找到共享價值，諸如教養孩子長大成人，或者共同創業，或者有共同的嗜好興趣，如爬山、打球等，可以讓二人獲得較高的滿足感、親密感。

建立情緒連結的儀式則是有助於聯繫夫妻間的情感，這些「儀式」或許是很簡單、平常，甚至可能簡單到讓許多人忽略，例如：睡前一吻，每天出門前擁抱、親吻，每天共進晚餐等，這些活動雖然很「平常」，卻可以增進夫妻間的情感連結。

其他較為正式的儀式，諸如慶生會、結婚週年紀念日、二度蜜月浪漫之旅等等。這些儀式，具有重要的象徵意義，象徵著夫妻共享的文化認同與價值，也代表著「我在乎你、我在意我們之間的關係」。

感情銀行的開源之道

我們想像夫妻之間有一本情感銀行的存摺，平常關懷對方、尊重對方、作出讓對方感動或感激的事情，便是在情感銀行存入積蓄。當二人之間的情感銀行積蓄豐厚，當遭遇衝突或困境時，便比較有本錢、信心可以共度難關。

那麼，情感銀行要如何開源呢？正面回應對方的邀請，在有爭論時運用趣味、幽默等，都是有力的「開源工具」。即使發生爭吵、意見相左，也能夠抱持相互尊重、持續溝通的態度，從正面事物開始，並運用幽默感，記得對方的優點，表達感激與感謝，如此，便更有機會解決衝突，甚至透過衝突的處理而增進彼此的瞭解與關係。

接下來，讀者又有另一項作業要完成喔：請大家和另一半共同搭乘時光隧道回到戀愛時光，二人共同回憶，當初是怎麼認識的，為何欣賞對方，如何決定要追求對方，或決定要接受對方的追求，二人的定情地、定情物等？這個作業，將可引發夫妻回到當初相愛的初心，可以促進彼此的親密感。這也是情感銀行的開源方法之一喔！

註一：Robert Epstein(2010, 林慧珍譯)：科學教你談戀愛。科學人雜誌，96期2月號。

Memo

第五篇 當外遇誘惑來敲門

現代社會，「外遇」、「小三」是個熱門的話題。以前的社會，彷彿會出軌的大部分是男人，但現在，男人、女人都可能受到外遇的誘惑。

外遇對婚姻的殺傷力是很大的。本篇，將探討外遇事件傷害的是誰？當遭逢外遇誘惑時，要如何幫助自己保持理智可以思考、判斷、做決定，以及如何「內遇」，而非「外遇」。

情慾，到底是什麼？

在我們的親密關係成長團體中，談過了婚姻溝通、親密關係的經營等議題後，接著，我們要談更深入、更勁爆的主題，就是外遇的誘惑。我們先從由理查吉爾及黛安連恩主演的電影「出軌」（Unfaithful）一片談起。

這部電影描述婚姻看似幸福美滿的夫妻，卻在妻子一次邂逅年輕帥氣的男子後，變了調。妻子沒有抗拒誘惑，就這樣和年輕男子發展一段充滿性慾誘惑的婚外情。

充滿情慾的婚外情，同時也代表著謊言、欺騙、罪惡感、與憤怒等等激烈高張的情緒。這段婚外情被丈夫發現，並在情緒激動下失手殺了這位婚外情的男子……。

看完這部電影，團體成員陷入一片內心的震撼與沈思。我問大家，如果你是片中外遇的妻子，你會怎麼描述這段經歷？如果你是片中的丈夫，你會如何描述這一切？我請成員們站在這二個角色的立場，試著去同理、理解外遇者與被背叛者可能的心情、想法，並以第一人稱來敘述。

丈夫的心情：從妻子第一天出軌我就知道

我很愛我的太太。我很努力的工作，想要讓我的妻子、兒子過著舒適的日子。但是，最近我卻發現我的妻子怪怪的，當我和她在一起時我感覺到她心不在焉、若有所思。我問她是怎麼了嗎？她說沒事。但我不相信她真的沒事。

接著，我發現她最近買了很多性感的新衣服、高跟鞋；我想約她中午共進午餐，她確對我說謊，她對我說她約了做臉保養，但我打電話去查證，並沒有！這種種跡象，讓我越來越確定，我的老婆出軌了！我很痛苦，非常痛苦⋯。我找了我最信任的朋友幫我調查，我感到絕望，調查結果證實了，我的老婆真的背叛我了！

我失手殺了他，那個年輕的男孩，我老婆外遇的對象！我老婆發現是我殺了他。我很憤怒！我很痛苦，為什麼？為什麼？我這麼愛她，全心全意為這個家付出，她怎麼可以這樣對我？！我還能原諒她嗎？我還能和她繼續生活下去嗎？

這段描述，是許多另一半外遇的人所經歷的痛苦心情。大部分人，在另一半有外遇時，都會有感覺、直覺，只是，要不要去證實、面對這個殘酷的事實而已。然而，即使之前已經有心理準備，但當一旦真的證實了，還是難以承受，會感覺被背叛、痛苦、懷疑自己能否原諒對方、還能不能和對方繼續生活下去。

出軌的妻子：悔不當初

我得承認，我的婚姻、我的家庭很不錯。我有個愛我的丈夫，還有個可愛的九歲兒子。我怎麼會犯下這樣的錯誤呢？與外遇對象保羅的邂逅，我做錯了第一件事，接著，接二連三的錯誤一發不可收拾。我痛恨我自己！我痛恨我欺騙、說謊、傷害了我的家庭。

回想我與保羅的初識。他是一個這麼特別、有情趣的人。我受到誘惑了。當他送我一本書，念出書上的一句話，我的心便受到擾動。我明知道不可以，但是，我無法克制我的慾望。和保羅在一起的時候，我感覺我年輕了二十歲，我感到滿溢的情慾。我無法自拔！好幾次，我想和保羅分手，但是，我就是做不到。我每天，滿腦子想的都是他，想著我今天要找什麼理由去見他，當我們約好見面，我就像春心蕩漾的小姑娘滿懷期待，興奮雀躍；當這一天無法見面，我便若有所失。我就在罪惡感與強烈的情慾二股力量間拉扯著，我痛苦、掙扎，感到無能為力。

我後悔，因為我一時的軟弱，我傷害了我的家庭。我丈夫這麼愛我，但我卻背叛他。我好恨我自己，我怎麼可以犯下這樣的錯誤？！我現在很害怕，我不知道，我和我的丈夫、兒子還能不能回到從前，過著平靜的生活？如果，可以重頭來過，那天，我與保羅邂逅的那天，我，會做出不同的選擇。可惜，一切為時已晚。

情慾是一種強烈的經驗，這是人性本能，心理學家研究發現，情慾非常不具有專一性，而且來得急，去得快。面對外遇的誘惑，新鮮、刺激，可以使人獲得極大的快感與滿足，但不幸的是，這種強烈的快感，為時不久。尤其在有婚姻的狀況下，很快的會被罪惡感、無法自我控制的感覺所淹沒。外遇的人，或許也一樣的痛苦掙扎；外遇者的背叛，或許他在做的並不是他真正想做的。亦即，他受到情慾的控制而出軌，但是，有另一面的他，是感到罪惡感、痛苦、掙扎的。

當然，對被背叛的一方來說，出軌就是出軌，背叛就是背叛，是沒有理由、沒有藉口的。只是，如果我們可以更清楚認識外遇者內心的痛苦掙扎，或許，我們有機會可以更有勇氣，找到方法，節制自己的慾望，避免做出傷害自己、傷害家庭的事。

抗拒誘惑VS接受誘惑的天人交戰

在成長團體中，有成員問，當一個人受到誘惑，難道只是情慾嗎？到底「誘惑」的是什麼啊？

「誘惑」的是什麼？

誘惑何時會上門，沒人知道。面對誘惑，究竟要接受誘惑？或抗拒誘惑？若是抗拒誘惑，要抗拒的是什麼？誘惑的又是什麼呢？當誘惑上門，挑動的可能是渴望刺激、激烈的情慾、性幻想。

我曾經聽過這樣一個故事：

一個結婚多年的先生，每天回到家，看到自己家裡的太太，穿著寬鬆的衣服，衣服上面還有黃斑、奶漬，頭髮上夾著菜市場買來便宜的鯊魚夾，整天對著小孩大呼小叫。這位先生心裡升起了，「我怎麼會娶這個女人」的疑惑。

相對的，辦公室的A小姐，每天打扮合宜，乾淨俐落、溫柔體貼，這位先生不禁升起了「恨不相逢未嫁時」的遺憾。某個週日，這位先生一早起床又聽到太太對著小孩、對著自己大呼小叫，責怪先生都不幫忙照顧小孩，罵小孩吵翻天、玩具不收。這位先生受不了了，決定「離家出走」。

他走出家門，不知不覺，走到了女同事A小姐的家門口。正在猶豫著要不要按電鈴之時，聽到了裡面傳來女人大呼小叫、怪先生罵小孩的聲音，裡面的女人剛好開了門，這位先生看到了A小姐，穿著寬鬆的睡衣，頭上一樣夾著便宜的鯊魚夾。這位原先對A小姐懷抱浪漫幻想的先生，頓時驚醒⋯⋯。

這樣的情節是不是很熟悉呢？平實的夫妻生活是柴米油鹽醬醋茶，一點都不浪漫，可能也不怎麼有「氣質」。而在辦公室，我們會打扮合宜、光鮮亮麗，並且展現專業、有自信的一面。故事中的這位先生對A小姐升起「恨不相逢未嫁時」之感，可能只是個錯覺。

原來，在辦公室光鮮亮麗、言行合宜、兼具知性感性的A小姐，在家裡，也像自己的太太一樣，是個會唸先生罵小孩、穿著邋遢的「黃臉婆」。

「誘惑」只是一種幻覺或幻想

曉娟分享她遭遇的一個誘惑經驗。曉娟和先生大為結婚七年了。二人的關係也還算過得去。平常二人都有各自的工作要忙，還要忙著照顧小孩、打理家事，也只有週末可以稍稍的放鬆、相處。有人說，婚姻中會有所謂的「七年之癢」，這魔咒，似乎真的就發生在曉娟身上。曉娟最近常接觸的一名男客戶，幽默體貼，常講笑話逗得曉娟樂不可支，又似乎有讀心術似的，常能猜中曉娟心裡所想的。

這位男客戶，很懂得甜言蜜語，會適時的稱讚曉娟，包括曉娟的工作能力、外貌、穿著品味等等；相對於老公的木訥，以及婚姻生活中得要面對與承擔的種種責任與壓力，這位男客戶所送來的蜜糖，讓曉娟心花怒放，因為已經太久太久沒有聽到老公對自己的讚美，一時之間，有個男人對自己頻頻示好、猛灌迷湯，讓曉娟重新感受到婚前被追求的喜悅與興奮，而差點兒迷失自己。

許多結婚多年的夫妻會有類似的遭遇。結婚後，當雙方忙碌於工作、日常生活瑣事，往往疏於經營婚姻關係。

甚至有的人會認為「老夫老妻了，還需要經營什麼！」這或許是以前的人常會說「婚姻是愛情的墳墓」的原因。然而，現代社會與過去不同，現代社會由於大部分是雙薪家庭，所處的社會環境與人際網絡比過去的社會複雜與多元許多，不管男性或女性，都很容易遇到各種「誘惑」，若定力稍有不足，便很容易「出軌」。

在上述曉娟的例子中，我們可以想想，當有一個人對自己頻頻示好、猛灌迷湯，會對自己產生什麼樣的心情與影響？

曉娟說，這會讓她有重新感受到婚前被追求的喜悅與興奮感，這是一種「愛情」的強烈感受。然而，什麼是「愛情」呢？有許多人困惑於，究竟什麼是「愛情」？

其實，「愛情」是我們投射了我們的許多需要、自尊、期待、價值在一個客體，也就是愛人身上，透過對方的眼與口，我們滿足了我們的需要，包括被愛的感受、隸屬感、覺得自己是美好的、覺得自己是有價值的等等感受。因此，讓曉娟心動的或許並不是這位男客戶本人，而是透過這位男客戶的行動與語言，所傳遞給曉娟的一種「覺得自己是美好的、有價值的」的感受，簡言之，曉娟愛上的並不是這個人，而是一種感覺，或者說是「幻想」。

這樣的心情，和以前許多男人在酒家找到「紅粉知己」或許有些類似。現實的婚姻生活中有許多的責任與壓力，這些責任與壓力，很容易讓夫妻失去當初談戀愛時的愛情感覺；而家庭外的那個「紅粉知己」，不用承擔家庭的責任與壓力，而可以好好的聽你說話、溫柔的對待你，當然很容易讓人迷惑、迷失。

但是，如果我們心裡能夠記得，這都只是「幻想」，或許可以幫助我們保持理智，不迷失在對方的溫柔與誘惑中。

如何面對誘惑？

有讀者或許會問，那麼，當我們遭遇誘惑時，要怎樣才能做出自己真正想要的、日後不會後悔的選擇呢？

如何面對誘惑是個人選擇

當出現誘惑，究竟要接受誘惑？或抗拒誘惑？這是個人的選擇，沒有人可以替代。然而，這個選擇，雖是「個人」的，卻會影響許多人。面對誘惑情境，請冷靜下來思考，考慮以下幾個問題：

第一，如果我涉入婚外情，會有什麼結果？我的另一半會如何？我的家庭？我的小孩？我自己？我的專業工作或事業？第二，婚外情對象之所以吸引人，往往是錯覺。當涉及婚外情的二人真的不顧一切的在一起，甚至為了對方和元配離婚，當「小三」升格為配偶後，會不會，幻覺破滅，一樣得要面對日常生活的柴、米、油、鹽、醬、醋、茶的現實考驗？

第三，有人說，我可以克制，偶爾一次沒關係，只要在發生之前和對方說清楚這歡愉是短暫的，自己會回歸家庭就沒事。然而，人並不是那麼理性的動物，當有過一次歡愉後，便很容易陷入第二次、第三次，甚至不可自拔。如「出軌」一片中的女主角，當涉入外遇後，整天想著對方，欺騙、謊言、憤怒、罪惡感隨之而來，難以自制。

第四，請想想，如果是我的另一半發生婚外情，我會如何？我的感受？我會原諒對方嗎？將心比心，如果我的另一半發現我外遇，他的感受會如何？

面對誘惑，究竟要接受或抗拒，這是個人的選擇。當遭逢誘惑時，請停下來想想上述幾個問題，或許，你就會有不同的選擇。

當遭遇誘惑時⋯

在心理治療歷史上，第一位使用談話治療的始祖是佛洛伊德的朋友布魯爾醫師（Josef Breuer），他所治療的第一位歇斯底里病人安娜歐（Anna O.），這位病人後來愛上布魯爾醫師，並宣稱懷上了布魯爾醫生的孩子，當然，根據史料，布魯爾醫師並沒有和這位病人發生性關係，安娜之所以宣稱懷上醫生的孩子，我們稱之為「移情」。

布魯爾醫師被安娜嚇壞了，立刻停止對安娜的治療，並且帶著太太去度假。布魯爾醫師會慌慌張張的結束和安娜的治療，並且帶著太太去度假，我猜測，他心裡多少也掀起波瀾。但他還保有理智，以及身為醫生的職業道德，而並沒有真的跟著病人的移情而起舞，或趁機佔病人的便宜。

當我們遭遇像上述曉娟類似的境遇，心裡受到誘惑時，可以怎麼做呢？或許可以像布魯爾醫師一樣，帶著另一半去度假，重新享受二人世界，並找回婚前談戀愛的感覺與心情，重點在於，好好經營二人關係，並且在婚姻中獲得「我是美好的、有價值的」的心理需求。

「情慾」VS「愛意」

有心理學者研究「情慾」，有個實驗是這樣的：研究者將受試者分為A、B二組。請A組受試者回想他與另一半令人銷魂的一次性愛經驗；請B組受試者回想他與另一半充滿親密、愛意的經驗。

接著請這二組受試者觀看一些圖片，包括中性刺激的照片，如運動、花、山水等，還有一些圖片是充滿性刺激的，如穿著清涼的美女或帥哥的照片。研究者比較這二組受試者受到性刺激照片的擾動程度，研究發現，A組受試者明顯的會被這些圖片激起情慾，而B組受試者被激發的情慾比A組少得多了[註1]。

這個研究結果帶給我們什麼啟發呢？能夠預防我們出軌的，不是二人充滿情慾刺激的經驗，而是夫妻之間的愛意，亦即心理親密、美好經驗。當遭遇誘惑時，想想和伴侶之間的美好經驗，二人之間的相知相惜，或許更能預防自己做出事後讓自己後悔的決定。

註一：人類的恐懼與情慾：面對情慾。Discovery Channel（DVD）。

婚後還可能擁有愛情關係嗎？

曉娟雖然曾經內心受到誘惑，但她終究是夠理智的。她並不想傷害自己的婚姻，不想傷害先生，更不想傷害小孩。然而，內心對愛情的渴望卻仍舊熾熱，她好希望可以在婚姻中重拾愛情的感覺，但卻不知道該怎麼做。

她困惑著，什麼是愛情？更困惑，會不會，愛情已經「回不去了」？畢竟，婚前是只有她和男朋友的二人世界，二人可以甜甜蜜蜜的相處，沒有太多負擔。

但是現在，不僅下有幼齡的小孩得要照顧，上尚有公婆得要關照，還有一堆繳不完的帳單和做不完的家事得要打理，加上年齡漸增，以及生了孩子後，過去的小蠻腰、姣好身材日益變形，而老公現在對自己的任何髮型的變化、新買的衣服，幾乎都視而不見，沒有任何一句讚美，遑論甜言蜜語，完全沒有回饋，這些因素嚴重的打擊曉娟對自己的信心。

她也發現，自從有了小孩後，夫妻倆便不再以對方的名字相稱，而是變成「爸爸」、「媽媽」，彷彿二人在婚姻、在家庭中只剩下「爸爸」、「媽媽」的角色。對於婚前婚後這麼大的差異，曉娟感到好失落！要回到婚前甜甜蜜蜜的愛情，可能嗎？

愛情三元素

有位心理學家史騰伯格（Sternberg）提出「愛情三元論」。史騰伯格認為「愛情」有三個基本元素：親密、激情與承諾。

所謂的親密指的是二人心意相通、相互瞭解的感情經驗；激情指的是對彼此的性吸引，包括對對方的外表的欣賞，以及性關係的滿足；承諾則是許諾要維持長期關係的決定，結婚典禮便是將心理層次的承諾行諸於外顯的儀式。在婚姻中，因為結婚契約，承諾的穩定性或許較高，但親密和激情則特別需要夫妻共同經營與創造。

通常，未婚的男女會先經歷到對彼此的性吸引力，或者是因為談得來、心意相通，而彼此吸引。因此，婚前的相互吸引，先始於「激情」或「親密」元素。而婚姻，則是強而有力的「承諾」。有許多夫妻很容易在婚姻生活中的責任與現實壓力下，慢慢的褪去了激情與親密。這也是許多夫妻最困難的功課，如何喚回以往的愛情？

不信愛情喚不回

要喚回以往的愛情，可從親密與激情二個角度出發。如何增進夫妻的親密感呢？創造談心的時間與空間是個不錯的選擇。例如，夫妻約定，每週有個固定的時間，可以單獨的「約會」，或許是有浪漫情調的餐廳或咖啡廳，或者是婚前談戀愛時的定情地點。

許多夫妻只要坐下來談話，便不自覺的把談話的重心、焦點都放在小孩、父母、家庭瑣事上，二人身為「人」，或「男人」、「女人」的身份彷彿都神隱、不見了。

這樣，可能會阻礙二人心理的親密感或浪漫愛情的感受。當然，小孩、父母、家庭瑣事並非不重要，這是婚姻中不可逃避的責任；而是說，除了日常家庭責任外，夫妻倆人為自己創造的「約會」時間與空間，就留給自己，作為「談情說愛」、重拾戀愛滋味之用。

那麼，要怎麼「約會」呢？約會要談些什麼呢？回想一下，婚前談戀愛時，二人約會都談些什麼呢？當然，婚前、年輕時候的心態，和現在婚後、較為成熟的狀態是不同的，現在約會談些有助於彼此瞭解現在的夢想、未來的夢想，以及對各種事物的感受、想法，甚至是對對方的欣賞與感謝等等，諸如此類有助於二人心靈交流的話題都是很好的。

至於愛情中的「激情」成分，要怎麼創造呢？激情元素包括維持對彼此外表的吸引力與性驅力。性關係在婚姻中是個重要的部分，然而許多夫妻在孩子幼齡時，為了照顧孩子方便而親子同床／同房，多少會影響夫妻的性生活。

創造夫妻的「約會」時間與空間，夫妻也可以安排子女暫時托人照顧，或許在家中無其他家人在的時候，或許到摩鐵，享受二人安靜、放鬆、無人打擾的性生活。這些策略，可幫助夫妻尋求「內遇」，避免「外遇」。

一夜情?!停看聽!

前幾次成長團體中，我們談到了外遇問題，今天，小美帶著忐忑的心情分享了她曾經經歷的一個經驗。這個話題，很私密，如果不是基於對團體的高度信任，是很難說出口的。

小美和先生婚後還沒有小孩。先生是高階主管，非常投入於工作，得要常常加班與出差。小美的工作則是穩定的朝九晚五。晚上下了班回到家，得要面對空蕩蕩的房子，為了排遣寂寞心情，只能自己想辦法找樂子。

小美開始上網，在網路上認識一些網友。小美在網路上和阿瑜特別談得來，每天下了班，小美開始期待和阿瑜的「約會」，準時上網，在網路上談心，談二人在生活中的一些經歷、想法與感受，阿瑜的回應讓小美覺得非常的被支持與理解。這樣的感覺，在婚姻中幾乎已經蕩然無存。甚至，在上班的時候也會想著阿瑜。漸漸的，他們的談話內容從內心的感受、想法，擴及到了性愛議題，阿瑜開始在言語上挑逗小美，寫些鹹濕話題，這些言語，激發了小美特殊的感覺，有些罪惡感，又感到興奮…這一天，阿瑜邀約小美見面，並且露骨的問小美想不想試試看一夜情。對於這個邀約，小美的感受很複雜，有些驚嚇，沒想到阿瑜會這麼露骨的直接邀請；也感到有些興奮、刺激，畢竟這是從來沒有過的經驗；但也感到害怕，害怕自己一旦做錯決定會毀了自己的婚姻、自己的未來…。

一夜情的風險

愛與慾的結合是人生美妙的經驗。然而網路一夜情的現象卻是將愛與慾分離。在社會新聞中也屢屢看到網路一夜情所帶來的傷害與後遺症的案例。曾在媒體上聽過這樣一個故事：一位男子出國旅遊，在半夜公園裡，有位打扮入時冶艷的女子前來搭訕，男子以為天上飛來豔福，而且又是在國外，不會有人知道的，實在沒有拒絕的道理。於是，這位男子便與這位主動投懷送抱的美艷女子發生了一夜情。然而，回國後，男子身體開始不適，前往醫院檢查，竟然是，愛滋病。還有其他相關的社會新聞案例，包括：原本說好只是一夜情，但之後，有一方後悔繼續糾纏對方，而造成困擾；被設計而發生仙人跳；碰到性變態者（如性虐待、性暴力者）；以及被偷拍而成為A片的男女主角，甚至被勒索等等。

這些一夜情的風險，在決定是否要發生一夜情之前，得要仔細想想，萬一上述的風險真的發生了，這些代價是我願意承擔的嗎？我承擔得起嗎？

短暫肉體歡愉，內心仍是空虛

此外，若不想花時間與心力經營細水長流的愛情關係，而僅寄情於短暫的肉體歡愉，內心仍是空虛，並無法帶來真正的幸福與快樂。心理學家史騰伯格提出的愛情三元素：親密、激情、與承諾；若缺少任一元素，都不是完整的愛。一夜情只有短暫的激情，欠缺長久經營的親密關係與承諾，並不是真正的愛情。而且，若衝動之下發生一夜情，除了上述的風險外，若在有婚姻或穩定伴侶的狀況下發生，也可能會產生罪惡感，甚至自恨的情緒。這些是為了短暫歡愉而必須付出的代價。

真愛需要學習

真愛是需要學習的。要學習什麼呢？要學習相互理解。沒有理解的愛不是真愛，如果你不理解某人，你就不可能真的愛他。

如果你不理解卻認為自己愛上了一個人，那可能不是愛，而是別的東西，例如：某種幻想、個人需求的內在投射等。真愛是需要學習的，是需要花時間彼此瞭解與溝通，包括瞭解彼此的愛情觀、金錢觀、家庭觀、人格特質、品德、人際關係、家庭環境、習慣、嗜好、興趣、健康等等。這些都是需要花時間與心思去經營與投入的，唯有如此，才可能發展出兼具親密、熱情與承諾，亦即完整的愛情關係。

上述案例中的小美為了排解空虛寂寞之感而在網路上交朋友，慢慢的，若她與網友阿瑜發展出情慾關係，那麼，當初為了解決空虛寂寞問題，她所採取的解決策略卻反而製造了另一個問題。若因為在婚姻中需求沒有被滿足，較好的解決方法並不是在網路上尋求得以慰藉自己的替代品，而應該回頭檢視自己的婚姻與親密關係，甚至是個人的內在需求，找到改善親密關係的方法。

當外遇真的發生了……

在團體中，有成員問，如果另一半真的發生了外遇，該怎麼辦？有人說：「這還用說，當然是離婚。」也有成員持保留態度：「可是為了小孩，還是要三思吧！」團體中婚齡最久的成員曉慧悠悠的說：「我就曾經經歷這樣的痛苦。」大家非常的訝異，沒想到曉慧經歷過這樣的事情，大夥兒靜靜的，等著聽曉慧的分享。

多年前，曉慧的孩子年紀都還小，丈夫外遇了。曉慧知道這件事的第一時間，簡直是晴天霹靂！她無法相信，看似忠厚老實又愛家的丈夫，竟然會出軌。當時真的很痛苦，也想過要離婚，但是，卻又顧慮著，孩子還小，離婚後，孩子怎麼辦？

還好，那時候自己沒有衝動下做出讓自己後悔的決定。曉慧說，當時，她和先生勇敢的面對這個問題，尋求婚姻諮商的協助，他們開誠布公、促膝長談後，瞭解到，他們二人的關係有需要調整之處，先生雖然外遇，但是他並不是不愛這個家，他不想離婚，曉慧也為了保持家庭的完整，決定原諒丈夫。二人便開始積極的修復關係。

外遇事件傷害的是誰？

外遇事件若真的發生了，傷害的是誰？台灣本土的研究發現，破壞婚姻關係的首因被認為是外遇。當外遇事件發生，被背叛的一方必會深感受傷，婚姻關係遭到嚴重的挑戰與傷害。此外，若有孩子，孩子也會受到傷害。我們回到前面所談的「出軌」這部片子，試著以電影中九歲的孩子角度來感受一下，孩子會經驗到什麼：

最近我覺得媽媽怪怪的。媽媽平常都很準時來接我放學，可是有一天，她卻很晚才來，老師陪我在校門口等媽媽，我很擔心，也很害怕，媽媽會不會不來接我了？我等媽媽的時候差點哭了出來。還好，後來媽媽來了。還有，有時候我看到媽媽在哭，我不知道她為什麼哭，我問她，她都告訴我沒事，可是我很擔心。有一天，還有警察來我們家，我不知道到底發生什麼事了，可是，我真的很緊張。有一天晚上，我尿床了⋯⋯。

在這部電影中，這個九歲男孩雖然似乎什麼都不知道，但是，父母之間的緊張氣氛、怪異舉動，孩子還是會有感覺，會感到不安、焦慮、緊張。如果孩子年紀大一點，知道有一方父母外遇，常見的狀況是：孩子可能會同情被背叛的那一方父母，痛恨外遇的那一方父母；或者還有一種狀況，若是父親外遇，女兒可能會生氣母親為何沒有保住爸爸的心，認為是母親不好所以父親才外遇。

不管是哪一種狀況，孩子很容易因為父母婚姻問題而經歷高度的壓力與焦慮，甚至開始出現情緒與行為困擾。

外遇可能反映婚姻關係問題

會發生外遇事件的原因很多，心理學文獻中，將這些原因歸納於當事人個人的人格或心理需求問題；除此之外，外遇也可能是反映婚姻關係出現問題，這些問題可能是相處上的衝突，如一方較為強勢，居於弱勢的一方長久下來感到不平衡；或者是性關係或情感需求不滿足等，在欠缺有效的溝通與協調下，當在家庭外遇到誘惑，便容易發展成外遇關係。

對外遇者的配偶而言，在情緒上很可能會覺得另一半的外遇實在是罪不可赦。但是，如果冷靜下來，思考，外遇事件可能是反映婚姻關係的問題，或許會有不同的想法。解鈴還需繫鈴人，如果外遇事件就像是一個症狀，究竟婚姻出了什麼問題，還是需要花時間、心力雙方共同面對、探索、與理解。

如同上述案例中的曉慧，能夠從婚姻關係的角度思考，與丈夫冷靜而勇敢的一起面對二人的關係問題，透過婚姻諮商，瞭解二人的關係問題，並積極的調整二人的關係。

當另一半外遇，要怎麼辦？

有讀者肯定會問，「能夠真的原諒外遇的另一半嗎？要怎麼調適心情？還有，如果外遇的一方和小三藕斷絲連，怎麼辦？難道要一直容忍？」

曉慧繼續分享她的經驗：「從得知另一半背叛，到可以原諒對方，這段路，我走了好久、好久，我走得好辛苦、好辛苦。那段時間，我痛苦，我哭鬧，我日日以淚洗面、怨天尤人，逢人就抱怨。有一天，我孩子的學校老師打電話給我，說我的孩子最近怪怪的，功課不寫、上課不專心，還跟同學起衝突打架，我這才驚醒，我一直陷在自己的情緒中，忽略了孩子的需要，也讓孩子陷入不安情緒。於是，我為了孩子決定要振作起來好好面對處理婚姻問題，慢慢的我冷靜下來，我發現，讓自己一直待在受害者的位置上，對我自己，對我的家庭、我的小孩都沒有好處。於是，我開始要求和丈夫對話，要求我丈夫和我一起去做婚姻諮商。」

避免讓自己一直待在受害者位置

外遇者配偶會經歷到許多複雜強烈的情緒，痛苦、憤怒、受傷、委屈、難過、憂鬱、覺得被背叛、失落等等，這些都是正常的情緒反應。

要原諒外遇者真的不是一件容易的事。只是，如同上述曉慧的分享，允許自己生氣、憤怒、痛苦的歷程是必要的，這歷程就像是排毒的過程；然而，在哭過了、罵夠了，就讓自己離開「受害者」這個位置吧！這麼做，才是真正的對自己慈悲。若一直把自己當成受害者，自憐自艾，對自己、對家庭、對子女並沒有好處，只會讓自己沈浸在怨恨、無力的情緒中，這些情緒若長久累積就像毒素，會讓自己生病。

不要急著做決定

當另一半外遇，對於是否要離婚，請不要急著做決定。在剛獲知外遇者的背叛行為時，外遇者的配偶往往會陷入深沈的情緒痛苦或憤怒中，此時，需要先照顧與處理自己的情緒，但是，不要急著做決定。因為，我們在情緒衝動之下所做的決定，很容易讓我們事後後悔。

有位成員分享：「對啊！對啊！我有個朋友，在得知她的老公外遇後，她很生氣，很快就決定要離婚。但是，離婚後她後悔了，但是既然已經離婚了，也很難再復合了。」

勇敢面對婚姻關係問題

外遇事件常常是反映婚姻關係問題，就像是發燒，只是個症狀、是個警訊而已，反映的是身體某個部位發炎或出現問題，我們要處理的，不僅是把發燒症狀壓下去而已，而是需要好好的檢查，究竟身體是怎麼了？婚姻關係也是如此，外遇也是個警訊、徵候，外遇事件後，需要做的是勇敢面對與檢視婚姻關係問題，必要時尋求心理諮商或婚姻諮商專業服務。

如果決定不離婚，堅定承諾停止外遇關係與原諒是第一步

當然，每對夫妻狀況不同，有些夫妻願意共同面對婚姻關係問題，如同上述案例中的曉慧，在曉慧和丈夫經過長時間的婚姻諮商與努力後，他們決定不離婚，要重新挽回他們的婚姻。有成員問曉慧：「你後來是怎麼和你先生修復關係的呢？」曉慧分享：「原諒外遇的一方，以及外遇者堅定的承諾停止外遇是關係修復很重要的第一步。」

當然，這重要的第一步對雙方都是不容易的。外遇者也需要有心理準備，你不可能立刻得到對方的諒解，即使你已經有十足的誠意、萬次的道歉。被背叛的一方得要先經歷憤怒、痛苦情緒歷程，慢慢的轉化這些情緒，才能看到憤怒、痛苦底下的愛與關懷，並進而願意原諒對方，共同努力修復關係。

如果決定離婚，好聚好散，二人還是孩子的父母

並不是每對夫妻都願意共同面對婚姻關係的問題，有些外遇者可能寧可閉上眼睛、不去面對自己內在需求的問題或婚姻關係的問題，而逃向婚外情；或者外遇者的配偶已經不再信任外遇者；或者二人的關係沈痾已重，難以改善，最後決定離婚。

如果決定離婚，在有孩子的狀況下，二人還是孩子的父母。首要之務在於盡力好聚好散，降低對孩子的傷害，避免在孩子面前數落對方的不是，而讓孩子困惑、兩難。然而，即使父母努力避免，孩子難免還是會有受傷的感覺，甚至有許多孩子會認為是自己不乖所以才會使得父母離婚。父母需耐心的向孩子解釋，父母的離婚與孩子無關，是二個大人之間的事情；並盡力的向孩子保證，雖然二人離婚了，還是孩子的父母，還是愛孩子。

給外遇者的忠告

根據統計，即使外遇者和外遇對象後來結了婚，然而，這種第二度的婚姻有很高的比率會再度外遇、再度離婚。「外遇」可能只是反映外遇者個人的某些情緒經驗（如：在原生家庭中被忽略、受傷害、害怕親密關係等）與內在需求沒被滿足的替代性方式，外遇其實並不能真的解決這些問題。

當與外遇對象過了熱戀期／蜜月期後，原先與前妻／前夫的親密關係問題可能會在這個再嫁／再娶的對象身上再度重現。

要避免類似的親密關係障礙模式不斷重現，建議外遇者勇敢面對個人內在需求與情緒經驗，自我探索，必要時尋求心理諮商專業協助。

第六篇 婚姻中的自我成長

在前面幾篇，我們探討了婚前的心理準備、婚姻關係的迷思、親密關係的溝通與衝突處理，以及如何面對與處理外遇議題。

然而，有些時候即使已經做好結婚的心理準備、學會溝通技巧，但是，能否用得出來、是否有效，會受到個人心理議題的影響。

這些心理議題包括：個人對自己的看法或自尊、過去的情緒經驗、原生家庭經驗等等。本篇，將呈現利用電影、書本、故事、童話等閱讀媒材協助團體成員自我成長。

生氣家庭？VS快樂家庭？

在這次的團體，我們一起閱讀了「家有怪物」[註一]這本繪本。這本繪本在描述一個常常生氣、彼此吼來吼去的家庭，有一天，他們又對彼此大呼小叫了，怪事發生了！他們家養的狗竟然把所有罵人的話全部吃進肚子裡，肚子越來越大越來越大，這家人嚇壞了，急忙拿出吸塵器把這些罵人的話吸出來，並且開始學習彼此講話輕聲細語……。

讀完這個故事，團體成員忍不住會心的笑了起來。是的，我們常常不自覺的在最感到安全、放鬆的家庭裡，展現出我們最真實的情緒，但是，當家庭中經常充斥著大吼大叫、生氣怒吼，恐怕家庭氣氛不會太好，有礙家人的親密關係。

覺察個人常出現的情緒

許多人都同意，父母是影響家庭氣氛的靈魂人物；原生家庭的情緒互動方式會影響孩子未來的情緒發展與人際關係互動，因此，愛孩子的父母，便有責任不斷的自我成長，以促進孩子的情緒心理健康成長。在團體中，我請所有成員仔細地覺察個人在家庭中，常用什麼方式溝通？常出現的情緒是什麼？生氣？怒吼？或輕聲細語？對家庭氣氛、家人關係的影響是什麼？

筱萍說，她真的是在家裡常對家人大聲講話，而且也不知道怎麼回事，她常常看到孩子或老公的某些行為，就忍不住叨念，例如：襪子亂丟、東西用完不歸回原位、做事拖拖拉拉等。當她叨念，但家人又沒有反應，她就忍不住想要破口大罵了。

是的，有許多父母會經歷和筱萍類似的經驗，「實在不是我想要罵人，實在是他們太過份了啊！」、「是我的小孩害我越來越沒氣質」這樣的感嘆時有所聞。

但是，我接著要問的一個問題是，這樣的叨念、常常在家中表現出生氣情緒、怒吼，可以達到你／妳想要的目的嗎？有些人會說「沒有」，那麼，既然用這種方式並無法達到效果，那麼，要不要試著找其他可能更有效的方法呢？或許也有人會說，「用這種怒吼的方式可以有效果」，但是，用這種方式，家庭的氣氛你喜歡嗎？如果不喜歡，是否也一樣試著找其他方法呢？

生氣是自然的事，但需要學習管理憤怒

當然，這並不是說，父母不可以生氣。生氣是很自然的事，而且，面對家庭每天每天的繁瑣事務，包括家事、盯孩子的功課、孩子的生活習慣等等，父母會經驗到「氣得抓狂」並不奇怪，也不需要有罪惡感，那是非常自然的事。但父母有責任學習管理憤怒的技巧，避免自己因為憤怒而做出或說出傷害家人自尊的事或話。

註1：余麗婷（2001）：家有怪物。台北：國語日報。

家庭情緒模式會遺傳?!

今天一到團體，家慶看起來神色有些疲憊，在大夥兒的關心下，家慶開始說起了自己的故事。

家慶從小最恨爸爸打媽媽，他還記得，每次爸爸打媽媽，他就瑟縮在房間裡，害怕、恐懼、傷心，他不知道該怎麼辦，他想要幫媽媽，可是又很怕爸爸，只能自己窩在棉被裡，假裝沒聽到、假裝沒事，可是，不管怎麼假裝，都不可能真的沒事。

還有，他也很痛恨爸爸習慣性的外遇，每次媽媽發現爸爸外遇，就會傷心流淚，從小媽媽也告誡家慶，長大後一定不可以像爸爸一樣。家慶也很努力的要讓自己成為和爸爸迥然不同的人。

但很可怕的是，昨天自己在和老婆吵架時，一時情緒失控，竟然失手打了老婆。家慶哭著說：「我真的不是故意的，我不知道為什麼，我竟然會這樣，我竟然做出我最痛恨的事。」大夥兒專心的聽著家慶的故事，感到沈重、不捨。

筱萍也分享了自己的一個故事。筱萍記得，自己小的時候最討厭媽媽對自己頤指氣使、命令式的口吻。但最近青春期的女兒跟自己抱怨，「你講話可不可以不要這樣命令式的？」自己才驚覺，自己一直努力不要像媽媽，但最終自己怎麼還是這麼像媽媽？

家庭情緒模式的遺傳

上述二個案例，聽起來是不是很熟悉？許多人很努力的要避免自己不要像父母一樣，但是，怎麼還是會發現，在某些情緒衝動的時刻，自己還是做出了自己所討厭的行為？心理學家Gottman與DeClaire（2001）[註1]提出「情緒財產」的概念，是指我們過去的人際情緒經驗，尤其是關係親近的人（如：父母家人）對各種情緒（如：生氣、悲傷、快樂、害怕等）的表達或表現方式，會潛移默化的影響著我們，在我們長大後，也會不自覺的採取和父母或家人類似的表達或表現方式。

例如上述案例中，家慶的父親在與母親爭吵時可能感到暴怒，而其表現生氣的方式就是打人。家慶小的時候雖然面對父親打母親感到害怕、厭惡，但是，在長大後，卻在暴怒、衝動之下不自覺的也採取了和父親一樣的方式。而筱萍也不自覺的採取和媽媽一樣的方式對待自己的女兒。

原生家庭的情緒哲學影響子女的情緒表達

Gottman與DeClaire（2001）提出，每個家庭都有自己的一套情緒哲學，所謂的情緒哲學是指家庭中對情感、情緒的共同信念或感受，當然，這套情緒哲學往往是由父母所建立與傳遞。很多時候，我們在人際、親密關係上發生困難，表達能力、溝通技巧的不足往往只是表象問題，底下的問題可能是我們對情緒的概念與感受。

這在我們的華人文化下尤其明顯，尤其是年紀稍長、受到傳統華人文化影響較深的長者身上。我們常說「男兒有淚不輕彈」，就是在教導男孩子們不可以表達悲傷情緒，若表達出悲傷、脆弱的一面有失男兒尊嚴；而「河東獅吼」則常常是告誡女孩子不可以生氣，以前的母親甚至會教導女兒「女孩子恰北北（台語，兇巴巴的意思）長大了會嫁不出去」，這些情緒教導都是在告訴女孩生氣是不好的、要壓抑生氣情緒。

但是，悲傷和生氣都是正常的情緒，我們即使壓抑了悲傷或生氣的情緒，但是這些情緒能量並不會因為壓抑而自然消失，相反的，越是壓抑，這些情緒能量反而越強，而且具有累積效果，累積到某個程度，這些情緒能量便會像火山一樣，找其他出口來「表現」，例如：長期壓抑悲傷情緒的男子可能陷入酗酒的困境，長期壓抑憤怒情緒的女子可能長期感到憂鬱。

過去的情緒模式無法改變了嗎？

可能讀者會問，既然家庭情緒模式會遺傳，那麼，是不是過去的情緒模式就無法改變了？當然不！過去的情緒模式是有可能改變的。但要怎麼才能改變呢？改變始於覺察與接納！想要改變，第一步是努力的覺察自己的情緒經驗，瞭解自己行為底下的信念與感受。

在探索過程中可能會充滿了情緒的張力與衝突，學習接納自己所有的情緒經驗是重要的。最後，在充分瞭解自己後，可讓自己減少受到過去情緒經驗不自覺的影響，接著便可以學習當自己衝動情緒上來時的徵兆，學習在衝動情緒表現出來前，以健康的方式化解。

例如：學習「說出／表達」憤怒情緒，而非「做出／表現」憤怒情緒。

所謂「說出／表達」憤怒情緒是指可以以口語說「當…（發生什麼事）我真的很生氣」，也就是我們在第三篇所談過的「我訊息」。而「做出／表現」憤怒情緒可能包括動手打人、破口大罵、口不擇言等，此時，個人便被情緒所控制。可能有人會問，可不可以直接跳過覺察、探索與接納自我的階段，直接學習衝動控制的方法？或許可以試試看。

但是，依據我多年的心理諮商實務經驗，若沒有經歷覺察與探索階段，而先直接學習衝動控制的方法，有許多人會半途「破功」，就像上述案例中的家慶，當遇到某些情境時，原始的反應又會浮上來掌控他的行動。相反的，許多人在充分的探索、覺察、接納自己後，就像水到渠成一般，其情緒因應方式也就有所不同了。

改變並不是一件容易的事。想要促進心理成長與改變，往往需要很大的勇氣與支持。若讀者想要積極的促進自己的成長與改變，但又苦於沒有方法，心理諮商會是個選擇。

在心理諮商關係中，重新探討過去的痛苦事件，在安全或中性的環境中，重新體會你當時的感受；並得以現在的眼光重新解讀過去經驗，獲得新的體會、頓悟。最重要的是，除了你的勇氣外，我可以提供你在探索過程中所需要的支持！

註1：Gottman, J. M. & DeClaire, J.（2001）:The relationship cure—A five-step guide for building better connections with family, friends, and lovers. 徐憑譯（2004）：關係療癒。台北：張老師出版社。

男人百分百？了解中年男子

在這次的團體，我們觀賞由梅爾吉伯遜及海倫杭特所主演的電影《What Women Want》（台灣翻譯為《男人百分百》）。這部電影描述男主角尼克，擅長於與女人調情，但卻是個典型的大男人主義者，把女人當成物品、工具，其前妻、女兒、周遭的女同事、甚至是婚姻諮商師都覺得他是「混蛋」但他卻不自知。一個被許多女人所厭惡、痛恨的大男人主義者，是怎麼慢慢的成為一個最能理解女人的百分百男人呢？

男性的中年危機

這部電影以幽默的方式探討中年男性的危機，以及接觸到內在的Anima／Animus原型，並達到個體化的歷程。所謂的Anima／Animus這二個字是拉丁文，是心理分析學家榮格（C. G. Jung）所提出的重要概念，是指心靈的原型人物。Anima是「靈魂」（soul）之意，字尾a是陰性的，指稱男性人格中內在隱藏的女性部分；Animus則是「精神」（spirit）之意，字尾us是陽性的，指稱女性人格中內在隱藏的男性部分。

精神與靈魂實際上是可以互換的概念；這二個字指的都是人們內在世界中的靈魂與精神層面，是心靈的結構。而所謂的「個體化」（individuation），也是榮格理論中極為重要的概念，是指心理發展成為一個統合而獨立的個人的歷程。「男人百分百」正是以幽默的方式處理一個嚴肅的課題，原本事業有成的中年男性，到了中年之時卻遭遇事業上的危機，或者開始質疑原來所定的目標意義何在。

從女人痛恨的大男人主義者，變成最能理解女人的百分百男人

我試著將本片男主角尼克的心理發展階段依照榮格的理論區分為幾個階段。片中主角尼克雖然擅長與女人調情、事業順利，但是，卻是個不折不扣的大男人主義者，不尊重女性，滿腦子想的都是比基尼美女，被周遭的女人厭惡，包括其前妻、女兒、女同事等等，但是尼克卻一點都不自知。可以說，這個階段的尼克否認自己的Anima，亦即否認自己內

在的女性特質。這是尼克心理成長的第二階段。

那麼，第一階段是什麼呢？我們先回過頭思考，尼克為何會成為這樣一個女人厭惡的大男人主義者呢？這來自其成長背景，在他成長的環境，女人被視為物品，男人吃吃女人的豆腐、摸摸女人臀部等行為被視為正常的調情。接著，尼克發生了重大挫折，女主角黛希「搶走」了他以為一定非自己莫屬的廣告公司創意總監的位置。這是典型的中年危機，亦即夢想的幻滅，或是事業有成的中年男性遭受重挫。

黛希是個非傳統型的女人，充分的表現自己的能力與興趣，象徵尼克心中的Anima，這樣的女人出現，榮格認為，其潛意識的心靈目的是要統合其個性中的對立力量[註1]。這也是個中年危機階段，「當中年的自我被人格面具與Anima／Animus的衝突所折磨時，內在發展的需要於是就變成尖銳的議題而被嚴肅的看待。…可能是需要進一步個體化的召喚，和深入探索內在世界以求個人發展的挑戰[註2]」。

這是尼克心理成長的第三階段，充滿衝突、掙扎與痛苦。

到了第四階段，起始於意外的禮物：聽見女人的內在聲音，尼克開始與Anima原型接觸。此時尼克充滿了驚恐情緒，「我是不是瘋了？」、害怕、厭惡、想辦法丟掉；並因此尋求心理醫生協助。

這位心理醫生就是尼克和前妻離婚前曾經求助過的女性婚姻諮商師，當心理醫生開門看到尼克心裡想：「這個混球」，由於尼克聽得見女性的內在聲音，而真實的給尼克回饋。這位心理醫生建議尼克接納這個禮物，並善用之。因為，尼克可能是精神分析始祖佛洛依德以降唯一可以回答「女人究竟要什麼？」的男人。

第五階段，尼克開始接納這個禮物，並善用這個禮物傾聽女人的心聲。就在此時，有件同時發生的事件，尼克的女兒必須與尼克同住二週，尼克第一次好好的擔負起父親／代理母親之責。聽見女兒內在的聲音，又再次給尼克真實的回饋，這才瞭解原來女兒心目中的父親是如此的不負責、如此的不堪。

在第六階段，尼克「利用」這個意外的禮物，剽竊黛希的點子。但他卻也同時運用這份禮物「助人」，包括幫助公司一位有自殺念頭的女孩、男友在以色列的助理、有夫妻問題的黑人女同事等。因為尼克能夠瞭解女人的心聲，此時的尼克，在女人堆中，才是真正的如魚得水。

到了最後一個階段，尼克「失去」了這份可以聽見女人內在聲音的禮物。但是，他一樣可以同理、理解女人，這是因為他已經將內在的Anima整合，禮物就在自己身上。這就是人格的統整、個體化的歷程。他學會了尊重與理解女性，並有個大發現：「你以為女人羨慕男人的陽具嗎？錯了！她們一點都不羨慕。羨慕陽具的是男人自己。」各位讀者，看完尼克的心理成長／個體化歷程分析，您是否也想要努力讓自己成為完整的、剛柔並濟的人呢？！

註1：Murray Stein(1998). Jung's Map of the Soul.（朱侃如譯（1999）：榮格心靈地圖。台北：立緒。第182頁）

註2：Murray Stein(1998). Jung's Map of the Soul.（朱侃如譯（1999）：榮格心靈地圖。台北：立緒。第174頁）

當上國王的太太：了解中年女子

這次，我們在團體中閱讀與討論一則中年童話故事：「當上國王的太太」[註1]。很久很久以前，有個漂亮、聰明、手藝好的女人，嫁給了一個窮小子。二人雖然窮，但卻感情甚篤，過著幸福快樂的日子。有一天，這位有雙巧手的太太為了多賺點兒錢，把所織的布拿去賣了，國王的大臣買了一匹這位太太所編織的布獻給國王，國王甚是喜歡，大為讚嘆，並且認為「能夠編織出這麼美麗的布的女人一定非常迷人」。於是國王宣布「我要娶這女人為妻」。

這女人深愛自己的丈夫，當然不願意嫁給國王。但國王卻用其權勢逼迫這女人，強擄進宮。這女人於是用計逃離國王的逼迫，沒想到路上卻遇到了冷血殺手、獵人、賭徒等人的再三逼迫，但這位女人都靠著自己的機智而逃離了這些男人們的壓迫。最後，這女人為了避免再受壓迫，於是女扮男裝，到了另一個國家。這個國家的國王剛過世，這個國家的習俗是由幸福之鳥選新的國王，這隻幸福之鳥就正好停留在裝扮為男子的這位太太肩上，於是，這位太太成為了國王。

太太的丈夫來到這個國家，當上國王的太太認出了自己的丈夫，要丈夫裝扮為女性，自己就可以娶這位「女人」，二人繼續成為夫妻，只是性別角色倒轉。最後，太太決定不再隱瞞，要將真相公諸於世，人民也決定讓這位聰明仁慈的「國王」成為他們的女王，繼續統治這個國家[註2]。

女性的中年危機

若說上一篇所談的「男人百分百」是探討中年男性的個體化歷程，那麼「當上國王的太太」童話便是中年女性的個體化歷程的縮影。在第一階段，這位太太扮演著傳統的女性角色，嫁給一個平凡的男人，過著平凡的生活。為了生計，靠自己的手藝編織美麗的布，讓丈夫帶去街上賣。在這個階段，這位太太展現的是典型的女性特質，溫柔、賢慧、善於女紅，為家計而忙。

第二個階段，這位太太開始遭遇難題，也就是受到有權威的男性的壓迫，包括國王、冷血殺手、獵人、與賭徒。這裡，反映的是女性中年危機。這個女性中年危機和男性中年危機有些不同。男性的中年危機是夢想的幻滅；女性則往往是自主性的消失。在這個故事中，國王、獵人、賭徒等人都想要剝奪這位女性的自主性，違反這位女性的意願，想要讓她成為他們的太太。這便是典型的中年女性危機。

中年女性發展內在的男性特質，展開個體化歷程

這位太太遇到這些危機，其因應方式便是其個體化歷程的第三階段。這位太太的反應和傳統的少女童話故事有很大的不同。典型的青少年童話故事，如睡美人、白雪公主、灰姑娘等耳熟能詳的童話，女主角受到外在惡勢力的壓迫，女主角什麼都不能做，只能安安靜靜的在城堡或在家裡等待他人的救援，而主要的救援者就是王子。然而，中年女性在遭受壓迫時，她要自救，故事中的這位太太便是靠著自己的機智自救，好讓自己脫離險境。

在這裡也反映出另一個中年人常見的現象：性別角色倒轉，亦即中年男性變得較為關切傳統女性所重視的價值，如：強調親密、關係、情感等，而中年女性則開始展性男性特質，如剛毅、果敢、自主、自信、冒險等。

在這個童話故事中，這位太太的丈夫面對國王要強娶自己的太太，不知所措，默默忍受，只被動等著別人來救援，而幫助他的人都是女性，包括一位善心的老婦人教他可以怎麼和被強抓進宮裡的太太見面、以及太太提出完整的計畫告訴他該怎麼脫困；相反的這位太太卻能夠發揮其機智、自信與自主性，靠自己的力量使自己脫險。然而太太所使用的方法並非傳統男性的「武力」，而是運用女性的優勢與特質，如嬌嗔、女性魅力假意願意嫁給國王以取得國王的信任後而得以逃跑。

接著，第四階段，這位太太為了自保，不得不女扮男裝；女扮男裝充滿了象徵意味，代表著，她不得不正式與自己內在的男性特質，亦即animus接觸與整合。就在此時，這位太太被幸福之鳥選為另一個國家的國王，得以充分的發展其男性特質。這位當上國王的太太還是想念著自己的丈夫，當她的丈夫來到這個王國，這位太太與丈夫相認，並要她的丈夫換上女人裝扮，然後娶了她的丈夫，在這裡又看到了中年性別角色倒轉。最後，這位太太決定不再隱瞞，告訴全國臣民她的經歷、宣布事情的真相，並回復女人的裝扮，但仍受到人民的愛戴，希望由這位智慧仁慈的女人擔任他們的女王，繼續統治王國，這象徵著太太的女性特質與男性特質（animus）的整合，完成了個體化。

這常是中年童話所探討的主題：中年人如何積極的實踐個人的才能、使命與召喚，這位太太在統治王國上顯現其才能，這亦是其使命或召喚，因為她是幸福之鳥亦即上天所選擇的國王人選。而這位當上國王的太太並未捨棄她原來的女性特質，包括重視人際關係、親密感，以及擅長於溝通、照顧他人等；並且，當她與丈夫重逢，她仍舊保有其女性身份與特質，尊重其丈夫，與丈夫建立平等、相互尊重的親密關係。

註1：Allan B. Chinen(1992). Once upon a midlife: classic stories and mythic tales to illuminate the middle years.（郭菀玲譯（1999）：大人心理童話。台中：晨星。63-92頁。）

註2：有興趣瞭解「當上國王的太太」完整故事的讀者，請參見註一。

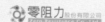

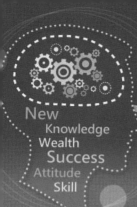

成功雲 09

Two are better than one
打造幸福的婚姻存摺

出 版 者／雲國際出版社
作　　者／林淑君
總 編 輯／張朝雄
出版經紀／廖翊君
封面設計／黃聖文
排版美編／YangChwen
內文校對／李韻如
出版年度／2014年9月

郵撥帳號／50017206 采舍國際有限公司
（郵撥購買，請另付一成郵資）
台灣出版中心
地址／新北市中和區中山路2段366巷10號10樓
北京出版中心
地址／北京市大興區棗園北首邑上城40號樓2單元709室
電話／（02）2248-7896
傳真／（02）2248-7758

全球華文市場總代理／采舍國際
地址／新北市中和區中山路2段366巷10號3樓
電話／（02）8245-8786
傳真／（02）8245-8718

全系列書系特約展示／新絲路網路書店
地址／新北市中和區中山路2段366巷10號10樓
電話／（02）8245-9896
網址／www.silkbook.com

打造幸福的婚姻存摺／林淑君著. -- 初版.
-- 新北市：雲國際, 2014.08
面； 公分
ISBN 978-986-271-518-5（平裝）
1.婚姻 2.兩性關係
544.3　　103011378